Franz von Kobell

Tafeln zur Bestimmung der Mineralien

Mittelst einfacher chemischer Versuche auf trockenem und nassem Wege

Franz von Kobell

Tafeln zur Bestimmung der Mineralien
Mittelst einfacher chemischer Versuche auf trockenem und nassem Wege

ISBN/EAN: 9783743614079

Hergestellt in Europa, USA, Kanada, Australien, Japan

Cover: Foto ©berggeist007 / pixelio.de

Weitere Bücher finden Sie auf **www.hansebooks.com**

Tafeln

zur

Bestimmung der Mineralien

mittelst

einfacher chemischer Versuche auf trockenem und nassem Wege

von

Franz v. Kobell.

Zwölfte neu bearbeitete und vermehrte Auflage

von

K. Oebbeke.

München, 1884.

Verlag der J. Lindauer'schen Buchhandlung
(Schöpping).

Akademische Buchdruckerei von F. Straub in München.

Vorwort.

Die 12. Auflage seiner Tafeln zur Bestimmung der Mineralien mittelst einfacher chemischer Versuche auf trockenem und nassem Wege sollte von Kobell, dieser Nestor der deutschen Mineralogen, nicht mehr erleben, — der Tod ereilte ihn am 11. November 1882.

Als aber dennoch eine neue Auflage der von Kobell'schen Tafeln hergestellt werden sollte, war man vor allem darauf bedacht, deren originalen Charakter zu erhalten. Der eigentlich chemische Teil blieb daher unverändert und nur einige vom verewigten Autor selbst herrührende Zusätze wurden beigefügt, dieselben sind leicht an den betreffenden Stellen zu erkennen.

Statt der früheren chemischen Formeln der Mineralien wurde, so weit das ausführbar war, deren durchschnittliche prozentische Zusammensetzung angeführt, eine Aenderung, welche deshalb gewählt wurde, um das Werk, welches ja lediglich praktischen Zwecken dienen soll, von den theo-

a*

retischen Anschauungen der chemischen Konstitution der Mineralien möglichst unabhängig zu machen.

Bei jedem krystallisierenden Mineral ist ausserdem angegeben, in welchem Krystallsystem es auftritt, und sind die deutlich wahrnehmbaren Spaltbarkeiten stets berücksichtigt. Die Härte (H), das spezifische Gewicht (G) wurden, soweit sie bekannt immer, die Farbe häufig beigefügt. Diese Angaben dürften in vielen Fällen willkommen sein und besonders die mit den geometrischen und physikalischen Eigenschaften der Mineralien Vertrauteren schneller zum Ziele führen.

Ausser den von von Kobell gern angewandten Mineralnamen sind hinter diesen die jetzt allgemein gebräuchlichen Bezeichnungen aufgeführt.

Für die ersten Uebungen sind am besten Proben zu wählen, welche die in Anwendung kommenden Kennzeichen unzweideutig darbieten, als solche sind nach von Kobell zu empfehlen: Aluminit, Alunit, Anhydrit, Antimonit, Apophyllit, Argentit, Arsenopyrit, Atacamit, Auripigment, Baryt, Bornit, Bournonit, Calamin, Calcit, Cerussit, Chalkopyrit, Chalkosin, Cölestin, Cuprit, Datolith, Dialogit, Disthen, Dolomit, Galenit, Glaukodot, Gips, Hämatit, Kassiterit, Kobaltin, Kryolith, Lasurit, Liëvrit, Limonit, Liparit, Lithionit, Magnesit, Magnetit, Malachit, Manganit, Molybdänit, Natrolith, Nickelin, Pektolith, Psilomelan.

Pyrit, Pyrolusit, Pyromorphit, Pyrrhotin, Realgar, Scheelit, Smaltin, Smithsonit, Siderit, Sphalerit, Strontianit, Talk, Tinkal, Witherit, Wolfram, Wollastonit, Wulfenit, Zinnober.

Um dem Anfänger das Auffinden zu erleichtern und ihn schneller mit den häufig vorkommenden Mineralien bekannt zu machen sind auch noch die selteneren Mineralien mit einem Sternchen * versehen.

Die Einleitung ist unverändert aus der früheren 11. Auflage abgedruckt.

München, im September 1883.

K. Oebbeke.

Einleitung.

Die gegenwärtigen Tafeln haben den Zweck, das Auffinden und Bestimmen der Mineralien in der Art zu erleichtern, dass man durch einfache Versuche vor dem Lötrohre und auf nassem Wege schnell auf eine Gruppe von wenigen Species geführt wird, worunter irgend ein zu bestimmendes Mineral sich befindet. Aus dieser Gruppe lässt sich die in Frage stehende Species auch wieder meistens durch chemische Kennzeichen herausfinden und wenn man dann in irgend einer Charakteristik oder einem Handbuche der Mineralogie die physischen Eigenschaften der aufgefundenen Species vergleicht, so wird man sich vollends von der richtigen Bestimmung überzeugen können, oder bei leicht möglichen Verwechslungen ohne Schwierigkeit auf das Wahre geführt werden. Ich habe mich von den Vorteilen einer solchen Bestimmungsmethode zunächst durch ein Practicum überzeugt, welches ich an der hiesigen Universität seit mehr als dreissig Jahren geleitet habe. — Es ist dabei natürlich vorausgesetzt, dass man mit dem Gebrauche des Lötrohres, sowie mit der Anstellung der einfachsten Auflösungs- und Präcipitationsversuche vertraut sei.

Eine kurze Anleitung hiezu habe ich in meinem Lehrbuch „die Mineralogie, leichtfasslich dargestellt etc." gegeben und Versuche, wie sie hier erfordert werden, sind ohne Schwierigkeit anzustellen.

Ich hoffe, dass diese Tafeln besonders für Diejenigen von einigem Nutzen sein werden, welche sich dem eigentlichen Studium der Mineralogie nicht gerade widmen können oder wollen, aber doch oft in den Fall kommen, dass die Bestimmung der Mineralien für sie von Interesse ist. So dürften sie dem Chemiker, Bergmann und Techniker nicht ganz unwillkommen sein.

Die Einrichtung ist von der Art, dass Derjenige, welcher ein Mineral bestimmen will, durch die Abteilungen fortwährend angewiesen wird, was er vorzunehmen und welche Versuche er zu machen hat. Mit einem Schmelzversuche der Probe für sich und mit Soda, mit einem Auflösungsversuche und einigen Präcipitationen ist der Zweck meistens erreicht, wenn man dem Gange der Tafeln folgt und die Versuche mit einiger Genauigkeit ausführt. Dabei lernt man durch das Nachlesen gar bald eine Menge von Reaktionen kennen und erwirbt sich in wenigen Stunden die Fähigkeit, Mineralien schnell und sicher zu bestimmen, zu deren Erkennung auf nicht-

chemischem Wege gar manche mühsame Vorstudien
notwendig wären. Aber abgesehen davon, dass man
die meisten Species leicht bestimmt, so bestimmt
man sie auch in einer besonders t e c h n i s c h in-
teressanten Weise, da mit den Versuchen häufig
eine qualitative Analyse gemacht wird und ihre
Resultate natürlich von einer allgemeineren Wichtig-
keit sind, als z. B. Ausmittlung von Krystallisation,
spez. Gewicht u. dergl.

Ich war bemüht, die Abteilungen so zu ordnen
und zu reihen, dass leicht zu begehende Beobach-
tungsfehler möglichst unschädlich gemacht sind und
da einige Mineralien in gewissen Varietäten sowohl
metallglänzend als nicht metallglänzend vorkommen,
und ebenso bei einigen der Schmelzgrad unter 5 und
über 5 je nach der Geschicklichkeit des Bläsers an
der Grenze zweifelhaft erscheint, so sind dergleichen
in der einen und in der andern Abteilung aufgeführt worden. Die gebrauchte Skale für die Schmelzgrade ist folgende:

1. *Antimonit* (An-
timonglanz),
2. *Natrolith,*
{ in gröberen oder feineren Splittern schon am Saume eines Kerzenlichtes (ohne Lötrohrblasen) schmelzend.

3. *Almandin* (Thoneisengranat). Nicht mehr am
Lichte wie die vorigen, leicht und auch in etwas
stumpfen Stücken vor dem Lötrohre schmelzend.

4. *Amphibol* (Strahlstein aus dem Zillerthale),

5. *Orthoklas* (Adular v. St. Gotthard)

V. d. L. nur in feineren Splittern schmelzbar.

6. *Bronzit* (v. Kupferberg im Bayreuthischen etc.) V. d. L. nur in den feinsten Spitzen etwas abrundbar.

Man hat Splitter dieser Mineralien vorrätig und vergleicht sie bei der Bestimmung mit ähnlichen der Probe.

Bei dem Aufsuchen ist es notwendig, die Vergleichung immer mit der ersten Gruppe anzufangen und dann zu den folgenden überzugehen, denn manchmal zeigt ein Mineral, welches in die Gruppe 1 gehört, auch den Charakter einer folgenden Gruppe, aber nicht umgekehrt. Zur Erleichterung des Aufsuchens ist die Uebersicht oder das Schema der ganzen Anordnung beigefügt. *Diese Uebersicht gibt die nächste Anleitung zur Bestimmung eines fraglichen Minerals.* Statt einer weitern Erklärung mögen einige Beispiele dienen.

1) *Beispiel.* Man habe *Aluminit* zu bestimmen. Das Mineral ist nicht metallglänzend und unschmelzbar. Es gehört also, wie die Uebersicht anzeigt, unter II. C. Der Charakter der ersten hier befindlichen Gruppe bezieht sich auf das Verhalten des

mit Kobaltauflösung befeuchteten Minerals vor dem Lötrohre. Ein Versuch bestimmt es als zu dieser Gruppe gehörig. Da es im Kolben viel Wasser gibt, so ist man angewiesen, es unter a) zu suchen. Man findet, dass von den hier angeführten Mineralien Alunit und Aluminit mit Soda Hepar geben. Unser Mineral zeigt dieses Verhalten. Von Aluminit heisst es, dass er in Salzsäure leicht auflöslich ist, von Alunit aber, dass er von dieser Säure nur wenig angegriffen wird. Ein Versuch mit Salzsäure bestimmt das Mineral als Aluminit und die Farbe unterscheidet ihn von dem z. T. ähnlichen Pissophan. — Damit denjenigen, welche mit chemischen Versuchen mehr vertraut sind, ein Mittel an die Hand gegeben werde, sich noch weitere Kenntnisse über die Zusammensetzung eines Minerals zu verschaffen, als dieses schon durch die in den Tafeln angeführten Kennzeichen geschieht, so ist bei jeder Species die chemische Zusammensetzung angeführt worden.

2. *Beispiel.* Man habe *Bornit* (Buntkupfererz) zu bestimmen. Es ist metallglänzend und schmilzt vor dem Lötrohre, ohne einen merklichen Rauch zu entwickeln, wobei man im Oxydationsfeuer den Geruch von schwefliger Säure wahrnehmen kann. Hieraus folgt, dass es sich unter I. A. 5) befinden müsse, wenn es mit Soda Hepar gibt, welches ein

Versuch nachweist. Das Verhalten zeigt leicht, dass es keines der ersten der angegebenen Mineralien sein kann und dass es zu der Gruppe Chalkosin etc. gehört, deren salpetersaure Auflösung mit Ammoniak in Ueberschuss eine lasurblaue Farbe annimmt. Die Farbe unterscheidet es leicht von den übrigen dieser Gruppe. — Da die Farbe bei den meisten metallglänzenden Mineralien charakteristisch ist, so wurde sie bei diesen mit angeführt, wodurch manche Bestimmung noch abgekürzt wird.

Ebenso ist zuweilen die Krystallisation und das spezifische Gewicht angeführt, wenn sie zur Charakteristik beitragen können. Die Bestimmung des spezifischen Gewichts ist durch die von Prof. Jolly erfundene Federwage ohne Gewichte so erleichtert, dass dazu nur wenige Minuten erfordert werden und verhältnismässig sehr kleine Probestückchen genügen. Für die Härte-Grade ist die Mohssche Skale gebraucht: 1. Talk, 2. Steinsalz, 3. Kalkspat, 4. Flussspat, 5. Apatit, 6. Orthoklas, 7. Quarz, 8. Topas, 9. Korund, 10. Diamant.

Noch muss ich bemerken, dass die Prüfung auf die Schmelzbarkeit in der Pinzette vorgenommen werden muss*) und besonders bei den strengflüssigen

---

*) Mineralien, welche stark verknistern, reibt man zu einem feinen Pulver und streicht dieses dann, etwas mit Wasser befeuchtet, auf die Kohle. Beim Erhitzen vereinigen sich die

Mineralien hat man feine Splitter zu wählen, welche über die Platinspitzen der Pinzette hervorragen müssen. In stumpfen Stücken kann man ein Mineral leicht für unschmelzbar halten, welches in Splittern recht gut schmilzt. Dabei ist die Probe etwas ausserhalb der Spitze des blauen Lichtkegels zu halten, wo die stärkste Hitze ist. Um bemerken zu können, ob ein Mineral der Flamme Färbung erteilt, muss eine gute reine Flamme geblasen werden, an welcher besonders der blaue Teil deutlich erscheint. Stearinkerzen mit nicht zu dünnem Dochte geben eine sehr gute Flamme.

Um Heparbildung zu erkennen, schmilzt man das Pulver der Probe mit etwa dem dreifachen Volum Soda auf Kohle zusammen und bläst anhaltend darauf. Man sticht dann den Kohlenteil, an welchem der Fluss haftet, mit einem Messer heraus und bringt ihn auf eine Silbermünze und einen Tropfen Wasser dazu. Gelbliche oder bräunliche Flecken auf dem Silber zeigen die Heparbildung an. Die Silbermünze muss blank geputzt sein.

Für die Bestimmung des Wassergehaltes wähle man Krystalle oder compakte Stücke, ohngefähr

---

Teilchen, wenn die Probe schmelzbar ist, so dass man dann die zusammengesinterte Masse mit der Pinzette fassen und weiter in der Flamme behandeln kann.

von der Grösse einer halben Erbse. Statt eines Glaskolbens kann man sich auch einer offenen Glasröhre (von 12 cm Länge) bedienen. Man schiebt die Probe hinein, und bläst dann von aussen darauf: das Wasser sammelt sich in Tropfen zu beiden Seiten der Probe an dem kältern Teil der Röhre. — Verknisternde Mineralien wickelt man in Kupferfolie, schiebt sie so in die Röhre und erhitzt sie. Um den Gewichtsverlust durch Glühen zu bestimmen, bedient man sich am besten eines kleinen, dünnen, gestielten Platintiegels, welcher ungefähr 2 Gramm gewöhnlicher Hydrate fassen kann, befestigt ihn in einem geeigneten Rohre von Messing an einem Stativ und gebraucht zum Erhitzen ein Aeolipil, dessen oberer Flammenkegel den Tiegel umspühlen muss. Auf diese Weise wird bei talkerdehaltigen Silikaten, wie Chlorit, Ripidolith etc. das Wasser vollständig ausgetrieben, welches mit der gewöhnlichen Weingeistlampe nicht geschieht. Für die meisten Hydrate ist das Glühen in einer guten Gasflamme hinreichend. Bedient man sich zum Wägen der Jolly'schen Federwage, so genügt gewöhnlich eine Probe von $^1/_2$ Gramm Gewicht oder ein etwas über erbsengrosses Stückchen, um den Glühverlust zu bestimmen.

Bei den Auflösungsversuchen ist die Probe in einer Chalcedonschale möglichst fein zu reiben und

die Säuren sind ziemlich konzentriert anzuwenden.
Man bedient sich hiebei eines kleinen Digerierkolbens
oder einer Porzellanschale, welche über der Weingeistlampe erhitzt werden können. Bei den Proben
wo eine erscheinende Farbe charakteristisch (durch
Behandlung der Lösung mit Staniol, Eisen etc.), ist
eine Porzellanschale am geeignetsten, wie ich über-
haupt für derlei Versuche diese mehr anwende, als
die Glaskolben. Mineralien, welche von der Härte
des Quarzes oder härter sind, werden (mit wenigen
Ausnahmen, Chrysolith und manche Granaten) von
der Salzsäure unmittelbar nicht zersetzt. Um sich
bei Silikaten und auch andern Verbindungen der
Erden und Metalloxyde zu überzeugen, ob sie von
Säuren zersetzt werden, prüft man die partielle Auflösung (nachdem das feine Pulver eine Viertelstunde
oder länger mit der Säure gekocht worden war)
mit Ammoniak und phosphorsaurem Natron. Wenn
diese beiden Reagentien einen merklichen Niederschlag geben, so ist es ein Zeichen, dass Zersetzung
stattfindet, wenn sie aber nur einige Flocken fällen,
so wird die Substanz nicht oder wenigstens nur
sehr schwer zersetzt.

Werden Silikate als feines Pulver mit konzentrierter Phosphorsäure bis zum anfangenden Fort-
rauchen der Säure erhitzt und (nach dem Erkalten)
die Masse mit Wasser übergossen und aufgekocht,

so scheiden sich gelatinöse Klumpen von Kieselerde aus.

Manche Silikate gelatinieren, nachdem sie vorher geschmolzen wurden, so Granat, Vesuvian etc. Man schmilzt dazu v. d. L. mehrere Splitter oder kleine Stücke der Probe, klopft sie auf einen Ambos unter Papier zu Pulver, reibt dieses fein und kocht es in einer Reagensröhre mit etwas verdünnter Salzsäure, wo sich beim Verdampfen der Säure gallertartige Klumpen im Rückstande zeigen oder beim ruhigen Stehenlassen nach einiger Zeit (12 Stunden) eine deutliche im Glase unbewegliche Gallerte sich bildet. Rührt man diese dann mit einem Glasstabe unter Zusatz von Wasser um, so kann man sich in der filtrierten Lösung mit Ammoniak, oxalsaurem Ammoniak etc. von einem Gehalt an Thonerde, Kalkerde etc. überzeugen.

Als Schwefelprobe auf nassem Wege dient in den meisten Fällen folgendes Verfahren. Man mengt eine Messerspitze voll vom Probepulver mit einem gleichen Volum Eisenpulver (ferrum alcoholisatum der Apotheker), bringt das Gemenge in ein Cylinderglas von ca. 7—8 cm Höhe und etwa 3 cm Durchmesser und giesst Salzsäure einige Linien hoch darauf (1 Vol. konzentr. Säure und 1 Vol. Wasser), dann legt man einen Streifen Filtrierpapier, welches mit Bleizuckerlösung getränkt und wieder getrocknet wurde, auf einen passenden Kork und schliesst damit das Glas. Die Papierenden stehen frei nach aussen. Die Färbung des Papiers wird in etwa 1 Minute Zeit beobachtet, wobei das Glas geschüttelt werden kann. Von Verbindungen, welche auf diesem Wege deutliche Schwefelreaktion zeigen, werde ich im Texte, wo es djenen kann, anführen: „Mit der Eisenprobe hepatisch reagierend." Eine andere Probe ist, dass man die Schwefel (nicht Schwefelsäure) enthaltende Substanz mit Kalilauge bis zum Dickfliessen einkocht, dann mit Wasser löst und filtriert. Im Filtrat gibt eine, auch sehr verdünnte Lösung von Nitroprussidnatrium eine schöne weinrote Färbung.

Zur Erkennung der Flusssäure bei Mineralien, welche solche mit konzentrierter Schwefelsäure entwickeln, bedient man sich eines kleinen Platintiegels, welchen man mit einem in der Mitte durchbohrten Platindeckel bedeckt. Auf das kleine Loch in diesem Deckel legt man ein Stückchen einer Glasplatte. Man kann dann den Tiegel in freiem Feuer erhitzen und erkennt an dem, nach dem Versuche gereinigten und getrockneten Glase sehr deutlich die Corrosion.

Manche fluorhaltige Silikate, wie z. B. Topas, geben auf diese Weise keine Spur von Flusssäure. Um in solchen das Fluor sicher nachzuweisen, muss man das feine Pulver (von etwa 2 Gramm) mit Kalihydrat und etwas Wasserglas im Silbertiegel schmelzen und etwa ¼ Stunde im Fluss erhalten. Dann löst man die Masse mit Wasser auf, fällt die Kieselerde durch Salmiaklösung, filtriert, säuert das Filtrat mit Salzsäure etwas an, setzt eine Lösung von Chlorcalcium zu und fällt mit Ammoniak das Fluorcalcium, welches wohl getrocknet und dann weiter mit Schwefelsäure geprüft wird.

Bei eisenhaltigen Nickelerzen, wie Chatamit, ist es zweckmässig, statt Salpetersäure zur Zersetzung Salpetersalzsäure anzuwenden, um die blaue Farbe des ammoniakalischen Filtrats reiner zu erhalten. — Das Kupfer aus Kupfererzen wird am schönsten als metallischer Ueberzug auf Eisen erhalten, wenn man die Erze durch Salpetersäure zersetzt, dann Schwefelsäure zugibt und eindampft, dann mit Wasser verdünnt und ein blankes Eisenblech in die Flüssigkeit stellt.

Bei Erzen mit wenig Titansäure schmilzt man das feine Pulver 2—3 Gramm mit 20 Gramm von doppelt schwefelsaurem Kali im Platintiegel, kocht mit Wasser und filtriert. Man setzt dem Filtrat etwas Salzsäure zu, verdünnt es mit dem 6—8 fachen Volum Wasser und kocht. Dabei wird die Flüssigkeit von gefällter Titansäure milchig trüb.

Dass man nur von reinem und homogenem Material eine bestimmte Reaktion hervorbringen kann, bedarf keiner Bemerkung. Glaubt man es

mit einem nicht ganz reinen Material zu thun zu
haben, so muss man auf das Vorkommen und die
Begleiter desselben Rücksicht nehmen, und danach
die Reaktionen beurteilen. So braust z. B. mancher
Wollastonit mit Säuren, obwohl ihm diese Reaktion
nicht eigentümlich ist. Der Grund hiervon liegt
in beigemengtem Kalkspat.

Es sind in diesen Tafeln ziemlich alle Mineral-
species angeführt, welche bis jetzt hinlänglich bestimmt sind, und über deren chemisches Verhalten
ich mir durch eigene Versuche oder glaubwürdige
Angaben anderer Kenntnis verschaffen konnte *).
Dass ich auch die fossilen Kohlen anhangsweise beigefügt habe, wird manchem willkommen sein**). Wo

---

*) Dazu lieferten schätzbares Material: *A. Kenngott's* Ueber-
sicht der Resultate mineralogischer Forschungen von 1862 — 1865
und Descriptive Mineralogy, comprising the most recent Dis-
coveries by *J. D. Dana,* aidet by *G. J. Brush.* 5. edit. New
York 1868, ein Werk, welchem an Vollständigkeit und kritischer
Zusammenstellung kein anderes ähnliches gleichkommt; Appendix
to the fifth Edition of Dana's Mineralogy by *G. J. Brush.*
New York 1872; Second Appendix to Dana's Mineralogy by
Edward S. Dana. New York 1875. Manual of Determinative
Mineralogy by *G. J. Brush.* 5. edit. New York 1882. Blowpipe
Practice by *E. S. Chapman.* Toronto 1880.

**) Der für die Versuche nötige Apparat besteht wesent-
lich in folgendem: Lötrohr, Pinzette mit Platinspitzen, einige
Platindrähte, Wachs oder Stearinkerze (der innere Flammenkegel muss beim Blasen mit dem Lötrohre blau erscheinen,
ebenso der untere Teil am Licht der brennenden Kerze), Hammer
und Ambos, Kohlen, dünne Glasröhren oder Kolben, Glasstäbe,
Cylindergläser, Glaskolben zum Kochen, Porzellanschalen, Filtrier-

man durchsichtige Proben anwenden kann, ist die Bestimmung der einfachen oder doppelten Strahlenbrechung oft sehr nützlich. Man bedient sich dazu des Stauroscops (s. meine Mineralogie 5. Aufl.). Diejenigen Mineralien, welche das Kreuz im Stauroscop beim Drehen mit Farben verändern oder drehen oder auslöschen, sind von doppelter Brechung, die es, in mehreren Richtungen im Stauroscop betrachtet und gedreht, nicht verändern, sind einfach brechend. — Zur Prüfung auf Pyroelektrizität gebraucht man ein Haar des sog. Gemsbartes, welches zwischen den Fingern nach der Spitze gestrichen, stark $+$ el. wird.

---

trichter, Platintiegel, ein kleiner Silbertiegel, eine Weingeistlampe, ein Aeolipil. Von Reagentien : Borax, Phosphorsalz, Soda (rein und frei von Schwefelsäure), Cyankalium, salpetersaure Kobaltauflösung, saures schwefelsaures Kali, schwefelsaures Eisenoxydulammoniak in Krystallen, ein Gemenge von Schwefel und Jodkalium (zu etwa gleichem Volumen), Salzsäure, Salpetersäure (beide chemisch rein), Schwefelsäure, konzentrierte Phosphorsäure, Ammoniak, oxalsaures Ammoniak, Kalilauge, kohlensaures Kali, phosphorsaures Natron, salpetersaurer Baryt, salpetersaures Silberoxyd, Curcuma- und Lakmuspapier, Staniol, Eisenpulver (frei von Schwefel) etc.

Uebersicht.

I. Mineralien mit Metallglanz.

(Von den metallähnlich glänzenden sind nur diejenigen in dieser Abteilung begriffen. welche zugleich, auch an dünnen Kanten, vollkommen undurchsichtig sind.)

Leicht vor andern zu unterscheiden sind die **gediegenen unter dem Hammer dehnbaren Metalle und das Quecksilber. S. pag. 1.**

Die übrigen bilden folgende Gruppen:

A. *Schmelzbar von 1—5 oder auch leicht flüchtig.* pag. 3.

1. Vor dem Lötrohr auf Kohle starken knoblauchartigen Geruch von Arsen verbreitend. pag. 3.
2. V. d. L. auf Kohle oder in einer offenen Glasröhre erhitzt, starken rettigartigen Geruch von Selen verbreitend. pag. 8.
3. V. d. L. auf der Kohle einen weisslichen Beschlag gebend, der die Reduktionsflamme grünlich und grünlichblau färbt. In einem kleinen Glaskolben mit viel konzentr. Schwefelsäure *gelinde* erhitzt, der Säure eine purpurrote oder auch hyazinthrote Farbe erteilend, welche auf Zusatz von Wasser unter Bildung eines schwarzgrauen Präcipitats (von Tellur) verschwindet. pag. 9.
4. V. d. L. auf Kohle starken Antimonrauch entwickelnd. pag. 12.
5. V. d. L. mit Soda Hepar gebend, ohne die allgemeinen Charaktere der vorhergehenden Abteilungen zu zeigen. pag. 15.
6. Nicht unter die vorhergehenden Abteilungen gehörend. pag. 20.

B. *Unschmelzbar oder von dem Schmelzgrade über 5 und nicht flüchtig.* pag. 22.

---

1. V. d. L. dem Boraxglase, in sehr geringer Menge zugesetzt, im Oxydationsfeuer eine amethystrote Farbe erteilend. pag. 22.
2. V. d. L. im Reduktionsfeuer auf Kohle anhaltend erhitzt, magnetisch werdend. pag. 23.
3. An die vorhergehenden zum Teil sich anschliessend. pag. 25.

II. Mineralien ohne Metallglanz.

A. *Vor dem Lötrohre leicht verflüchtigend oder verbrennend.* pag. 28.

B. *V. d. L. schmelzbar von 1—5 und nicht flüchtig oder nur teilweise.*

I. V. d. L. mit Soda auf Kohle geschmolzen, ein Metallkorn gebend oder für sich geschmolzen, eine auf die Magnetnadel wirkende Masse:

---

1. V. d. L. mit Soda oder Soda und Borax ein Silberkorn gebend. Die mit Salpetersäure zersetzbaren geben in der Lösung mit Salzsäure ein Präc. von Chlorsilber, welches v. d. L. auf Kohle leicht reduzierbar. pag. 30.
2. V. d. L. mit Soda ein Bleikorn gebend. Die salpeters. Lösung fällt mit Schwefels. ein Präc. (Bleisulphat), welches v. d. L. mit Soda auf Kohle leicht reduzierbar. p. 32.
3. Es erteilen mit Salzsäure befeuchtet der Lötrohrflamme eine schöne blaue Färbung und geben mit Salpetersäure eine Auflösung, welche sich bei Zusatz von Ammoniak in Ueberschuss lasurblau färbt. pag. 35.
   a) V. d. L. auf Kohle starken Arsengeruch entwickelnd. pag. 36.
   b) V. d. L. keinen Arsengeruch entwickelnd. pag. 37.
4. V. d. L. dem Boraxglase eine schöne sapphirblaue Farbe erteilend. pag. 39.
5. V. d. L. in der Pinzette oder auf der Kohle im Reduktionsfeuer geschmolzen eine schwarze oder graue, auf

die Magnetnadel wirkende Masse gebend, ohne unter die vorhergehenden Abteilungen zu gehören. pag. 40.

a) Beim Schmelzen starken Arsengeruch entwickelnd. pag. 40.
b) In Salzsäure ohne merklichen Rückstand auflöslich und ohne Gallerte zu bilden. pag. 40.
c) Mit Salzsäure eine Gallerte bildend oder mit Ausscheidung von Kieselerde sich zersetzend. pag. 40.
d) Von Salzsäure nur wenig angegriffen. pag. 46.

6. Nicht unter die vorhergehenden Gruppen gehörend. pag. 47.

II. Mineralien ohne Metallglanz.

B. V. d. L. schmelzbar von 1—5 und nicht flüchtig oder nur teilweise.

II. V. d. L. mit Soda auf Kohle geschmolzen kein Metallkorn gebend und für sich keine auf die Magnetnadel wirkende Masse:

1. Nach dem Schmelzen und anhaltenden Erhitzen auf Kohle, in der Pinzette oder bei den sehr leichtflüssigen im Platinlöffel oder auf einem Platinbleche, alkalisch reagierend, und mit Wasser befeuchtet, Curcumapapier rotbraun färbend. pag. 48.

a) In Wasser leicht und vollkommen auflöslich. pag. 48.
b) In Wasser schwer oder unauflöslich. pag. 50.

2. In Salzsäure, einige auch in Wasser, ohne merklichen Rückstand auflöslich, beim Eindampfen der Lösung nicht gelatinierend. pag. 54.

3. In Salzsäure zur vollkommenen steifen Gallerte auflöslich. pag. 57.

a) V. d. L. im Kolben Wasser gebend. pag. 57.
b) V. d. L. im Kolben kein oder nur Spuren von Wasser gebend. pag. 58.

4. In Salzsäure mit Hinterlassung von Kieselerde auflöslich, ohne vollkommene Gallerte zu bilden. pag. 61.

a) V. d. L. im Kolben Wasser gebend. pag. 61.
b) V. d. L. im Kolben kein oder nur Spuren von Wasser gebend. pag. 63.

5. Von Salzsäure wenig angegriffen und v. d. L. dem Boraxglase starke Manganfarbe erteilend. pag. 65.

6. Nicht unter die vorhergehenden Abteilungen gehörend. pag. 66.

II. Mineralien ohne Metallglanz.

C. *Unschmelzbar oder von dem Schmelzgrade über 5:*

1. Nach vorhergegangenem Glühen mit Kobaltauflösung befeuchtet und v. d. L. geglüht eine schöne blaue Farbe annehmend. pag. 72.
   a) V. d. L. im Kolben viel Wasser gebend. pag. 72.
   b) V. d. L. im Kolben kein oder nur wenig Wasser gebend. pag. 74.
2. Mit Kobaltauflösung befeuchtet und v. d. L. geglüht eine grüne Farbe annehmend. pag. 77.
3. Nach dem Glühen alkalisch reagierend und mit Wasser befeuchtet Curcumapapier rotbraun färbend. pag. 78.
4. In Salzsäure oder, wenn diese nicht wirksam, in Salpetersäure vollkommen oder grösstenteils auflöslich, ohne beim Eindampfen der Lösung zu gelatinieren oder einen bedeutenden Rückstand von Kieselerde zu hinterlassen. pag. 80.
5. Mit Salzsäure gelatinierend, oder sich mit Ausscheidung von Kieselerde zersetzend. pag. 85.
   a) V. d. L. im Kolben Wasser gebend. pag. 85.
   b) V. d. L. im Kolben kein oder nur Spuren von Wasser gebend. pag. 88.
6. Nicht unter die vorhergehenden Gruppen gehörend. pag. 90.
   a) In der Härte unter 7. pag. 90.
   b) Von der Härte — 7 und darüber. pag. 94.

I. Mineralien mit Metallglanz.

Von den Mineralien, welche unvollkommenen Metallglanz zeigen, sind nur diejenigen in dieser Abteilung begriffen, welche zugleich *undurchsichtig* vorkommen, wie z. B. Wolfram, Chromeisenerz etc.

Es werden leicht durch ihre physischen Eigenschaften vor andern unterschieden und sind *unter dem Hammer dehnbar und geschmeidig:*

Maldonit (Wismutgold) Au₆₅ Bi₃₅: G.8.2-9.7; silberweiss (schwarz anlaufend) v. d. L. auf Kohle leicht schmelzbar, Wismutbeschlag gebend und ein Goldkorn hinterlassend. Beim Zusammenschmelzen mit Schwefel und Jodkalium erhält man einen roten Beschlag (Jodwismut) auf der Kohle.

Gediegen Silber Ag; reg.: H.2.5-3: G.10.1-11; silberweiss: in Salpetersäure leicht auflöslich: die Auflösung gibt, auch stark verdünnt, mit Salzsäure einen weissen käsigen Niederschlag (Chlorsilber), welcher schnell am Licht seine Farbe verändert und bläulichgrau wird. Er ist in Ammoniak leicht löslich und wird aus der Lösung auf einem Kupferblech sogleich schwammiges Silber gefüllt, welches in einer Chalcedonschale gerieben seine weisse Farbe und Glanz erhält. Mit Schwefelammonium befeuchtet wird blankes Silber sogleich gelbbraun und grau gefärbt (Schwefelsilber). — Vergl. Amalgam.

Gediegen Gold Au: reg.: H.2.5-3; G.15.6-19.4; mehr oder weniger goldgelb: *Electrum* (Goldsilber) G.14.1-14.6; speisgelb mit einem Silbergehalte über 20 pCt. Gediegen

Gold nur in Salpetersalzsäure auflöslich, ohne einen
merklichen Rückstand. Goldsilber wird von Salpetersalzsäure ganz oder teilweise zerlegt, mit Ausscheidung
von Chlorsilber. Verdünnt man einige Tropfen der durch
Eindampfen konzentrierten Goldlösung mit einer grossen
Menge Wasser, so dass die zuvor gelbe Flüssigkeit fast
farblos wird, und erwärmt sie in einer Schale mit
Staniolblech, so färbt sie sich schön purpurrot und
setzt beim Stehenlassen den sogenannten Goldpurpur
(zinnsaures Goldoxydul*) ab. Mit Krystallen von Oxalsäure zum Kochen erhitzt, wird Gold aus seiner Lösung
als bräunliches Präcipitat gefällt, welches durch Reiben
Goldfarbe und Glanz erhält.

Ausser Silber enthalten manche Goldvarietäten Palladium: *Palladiumgold* (Porpezit) mit Ag 4, Pd 10; vergl.
Palladium. Ferner kennt man eine Verbindung von Gold
mit 34-48 pCt. Rhodium, *Rhodiumgold*, G. 15.5-16.8.

Gediegen Kupfer Cu; reg.; H. 2.5-3; G. 8.5-8.9; kupferrot,
in Salpetersäure zur himmelblauen Flüssigkeit auflöslich. Die Aufl. gibt mit Ammoniak ein blaues Präc.
(wasserhaltiges Kupferoxyd), welches sich in Ueberschuss
zur lasurblauen Flüssigkeit auflöst.

Gediegen Blei Pb; reg.; H. 1.5; G. 11.3-11.4; bleigrau; v. d. L.
leicht schmelzbar, rauchend und die Kohle grünlichgelb
beschlagend. In Salpetersäure leicht auflöslich. Die Auflösung gibt, stark verdünnt mit Salzsäure kein, dagegen
mit Schwefelsäure ein starkes Präcipitat (schwefelsaures
Bleioxyd).

Gediegen Platin Pt; reg.; H. 4.5-5; G. 17-18; licht stahlgrau,
wird nicht von Salpetersäure, aber von Salpetersalzsäure
aufgelöst. *Palladium* Pd; reg. und hexag.; H. 4.5-5;

---

*) Nach anderen ein Gemenge von feinzerteiltem met. Gold
und Zinnoxyd.

G. 11.8-12.2; stahlgrau in's Silberweisse wird von Salpetersäure, leichter von Salpetersalzsäure aufgelöst. Beide
sind unschmelzbar. Die Auflösung von Platin gibt
mit kohlensaurem Kali ein gelbes (Kalium-Platinchlorid),
in Ueberschuss unauflösliches, die von Palladium ein
bräunliches, in Ueberschuss auflösliches Präcipitat (Ka-
lium-Palladiumchlorid). Das Platin ist meist mit Eisen,
Iridium, Rhodium, Palladium, Osmium und Kupfer verunreinigt. Im Palladium findet sich in der Regel noch
etwas Platin und Iridium.

*Gediegen Eisen Fe; reg.; spaltb. hexaëdr.; H. 4.5; G. 7-7.8;
stahlgrau, vom Magnet gezogen. Unschmelzbar, in Salzsäure leicht auflöslich. In dem tellurischen Eisen acces-
sorisch Kohlenstoff und Graphit, im kosmischen (Meteor-
eisen) fast immer Nickel in wechselnden Verhältnissen,
ausserdem in manchen Varietäten noch kleine Mengen
von Kobalt, Chrom, Molybdän, Zinn, Kupfer, Mangan.
Geschliffene Flächen des Meteoreisens zeigen nach der
Aetzung mit Säuren die sogen. Widmanstätten'schen
Figuren.

Argentit, welcher auch dehnbar, s. Abtl. 5., ebenso *Hessit*,
Abtl. 3.

Gediegen Quecksilber Hg; G. 13.5-13.6; ist leicht zu erkennen, da es in gewöhnlicher Temperatur flüssig ist. Zinnweiss, oft mit etwas Silber, welches dann v. d. L. nach
Verdampfen des Quecksilbers zurückbleibt.

Die übrigen metallglänzenden Mineralien bilden folgende
Gruppen. Es sind:

A. Schmelzbar von 1—5 oder leicht flüchtig.

1. Auf der Kohle v. d. L. starken knoblauchartigen Geruch
von Arsen verbreitend.

Gediegen Arsenik (Arsen) As; rhomboëdr.; H. 3.5; G. 5.7-5.8.
Auf frischem Bruche zinnweiss. Es verflüchtigt sich

1*

v. d. L. ohne zu schmelzen und sublimiert im Kolben als metallischer graulicher krystallinischer Beschlag. Bei manchem schmilzt der letzte sich verflüchtigende Teil. Access. Antimon und zuweilen Sp. von Silber, Eisen oder Gold.

*Binnit (Dufrenoysit *) Pb 67 As 21 S 22; rhomboëdr.; spaltb. bas.; H. 3; G. 5.5-5.7; Strich rötlichbraun; schmilzt sehr leicht, allmählich verflüchtigend, von Salpetersäure wird er mit Ausscheidung von schwefelsaurem Bleioxyd aufgelöst. Die Lösung wird durch Ueberschuss von Ammoniak nicht blau gefärbt. Von konz. Kalilauge wird beim Kochen Schwefelarsen extrahiert, aus der Lösung mit Salzsäure in gelben Flocken fällbar. Aehnlich verhält sich der *Arscnomelan (Skleroklas) Pb 43 As 31 S 26; rhomb.; spaltb. bas; H. 3; G. 5.89; und der *Jordanit Pb 69 As 12 S 19; rhomb.; spaltb. brachydiagon.; G. 6.38-6.4; letzterer mit schwarzem Strich.

*Dufrenoysit**) (Binnit) Cu 39 As 31 S 30; reg.; H. 2-3; G. 4.4-4.7; dunkelstahlgrau; Tennantit (Arsenfahlerz) S 25-27 Cu 47-52 As (Sb) 18-20 Fe (Zn) 2-6; reg.; tetr. hem.; H. 4; G. 4.4-4.5; licht stahlgrau; *Polybasit (Eugenglanz) Ag 64-72 Cu 3-10 S 16-17 Sb (As) 6-11 Sp. von Fe und bisweilen auch Zn; rhomb.; H. 2.5 : G. 6-6.25; eisenschwarz, in dünnen Lamellen rot durchscheinend; *Enargit Cu (Fe, Zn) 48 As (Sb) 19 S 33; rhomb. spaltb. prismat. unter 98°. Die vorhergehenden nicht oder unvollkommen spaltb.; H. 3; G. 4.4; eisenschwarz; und *Domeykit (Arsenkupfer) Cu 72 As 28: H. 3-3.5; G. 7-7.5; silberweiss in gelb. V. d. L. auf Kohle geschmolzen und dann mit Salzsäure befeuchtet, erteilen sie der Flamme eine blaue Farbe. Die salpetersaure Lösung färbt sich mit Ammoniak im Ueberschuss lasurblau, mit

---

*) G. vom Rath.
**) Nach Kenngotts Nomenclatur.

Salzsäure erhält man bei Polybasit ein starkes Präcipitat von Chlorsilber, bei den übrigen kein oder ein sehr geringes Präc. Mit Kalilauge bis zum Dickfliessen gekocht, dann mit Wasser gelöst und filtriert, wird aus allen, den Domeykit ausgenommen, Schwefelarsen (auch Schwefelantimon) ausgezogen, durch Salzsäure in gelben (auch rötlichgelben) Flocken fällbar. Die salpetersaure Lösung der meisten Tennantite gibt mit Ammoniak ein rötlichbraunes Präcipitat von Eisenoxydhydrat; die Lösung von Dufrenoysit gibt kein solches. Dem Tennantit ähnlich verhält sich der *Epigenit* $Cu_{41} Fe_{14} As_{13} S_{82}$; rhomb.: $H_{3.5}$; Rionit As, Cu, Bi, S . . v. d. L. mit Schwefel und Jodkalium auf Kohle geschmolzen, einen roten Beschlag gebend, ist wahrscheinlich ein Gemenge von Fahlerz mit anderen Mineralien.

In die Nähe des Domeykit der *Algodonit* $Cu_{84} As_{16}$; $G_{6.9}$ und *Whitneyit* $Cu_{88} As_{12}$; $G_{8.47}$; rötlichweiss, braun und schwarz anlaufend.

Smaltin (Speisskobalt) $Co (Fe, Ni)_{28} As (S)_{72}$; reg.; $H_{6.5}$; $G_{6.37-7.3}$; *Skutterudit* (Tesseralkies) $Co (Fe)_{21} As_{79}$; reg.; H_6; $G_{6.74-6.84}$; *Kobaltin* (Kobaltglanz) $Co (Fe)_{36} As_{45} S_{19}$; reg. pent. hem.; $H_{5.5}$; $G_{6-6.1}$; spaltb. hexaëdr.; *Glaukodot* $Co (Fe, Ni)_{37} As_{43} S_{20}$; rhomb.; spaltb. prism. (ca. $110^\circ 50'$) und bas.; $H_{5.5}$; $G_{6.2}$;*) und *Alloklas* $Co_{10} Fe_6 Ni_2 Zn_2 As_{82} Bi_{20} S_{16}$; rhomb.; spaltb. prism. (106°) und bas.; $H_{4.5}$; $G_{6.65}$; erteilen v. d. L. dem Boraxglase eine sapphirblaue Farbe. Von Salpetersäure werden sie mit Ausscheidung von arseniger Säure aufgelöst. Die Lösungen sind rot. Die konzentr. Lösung von Alloklas wird von Wasser getrübt, die der übrigen nicht. Sie geben mit Wasserglas blaues Präc. Smaltin, Skutterudit

---

*) Dem Glaukodot ähnlich verhält sich der *Glaukopyrit* $Co_5 Fe_{21} Cu_1 As_{67} Sb_4 S_2$; $H_{4.5}$; $G_{7.16}$.

und Glaukodot geben, im Glaskolben bis zum Schmelzen
des Glases erhitzt, ein Sublimat von met. Arsen, Kobaltin
gibt kein solches Sublimat. Die stark sauere und verdünnte Lösung von Kobaltin und Glaukodot gibt mit
Chlorbaryum starkes Präc. von schwefelsaurem Baryt.
Die Lösungen von Smaltin und Skutterudit geben kein
oder nur ein geringes Präcip., wenn sie normal rein,
was aber selten der Fall.

Mancher Smaltin ist stark nickelhaltig und nähert sich
dem Chloanthit; dann ist seine salpetersaure Lösung
grünlich. Man erkennt den Nickelgehalt, wenn man das
Pulver mit einer geringen Menge konzentr. Salpetersäure
zersetzt, dann (ohne zu filtrieren) so lange tropfenweise
Ammoniak zugibt, bis deutliche alkalische Reaktion ein-
tritt und unverdünnt filtriert. Das Filtrat ist himmelblau.

Vergl. die folgenden und gediegen Wismut, welches öfters
mit Kobalterzen verunreinigt ist. Seine konzentr. salpetersaure
Lösung wird von Wasser getrübt wie bei Alloklas, dessen Farbe
aber stahlgrau, während ged. Wismut rötlich silberweiss.

Nickelin (Rotnickelkies) Ni₄₄ As(Sb)₅₆; hexag.; H.₅.₅;
G.₇.₄-₇.₇; licht kupferrot; *Chloanthit* (Weissnickelkies
z. Th.) Ni(Fe Co)₂₈ As₇₂; reg. pent. hem.; H.₅.₅; G.₆.₄-₆.₈;
zinnweiss und *Gersdorffit* (Arsennickelglanz) Ni(Fe, Co)₃₅
As₄₆S₁₉; reg. pent. hem.; spaltb. hexaëdr.; H.₅.₅;
G.₆.₉₅-₆.₇; licht stahlgrau, dem Zinnweissen sich nähernd,
geben mit Salpetersalzsäure gekocht, eine apfelgrüne Lösung. Mit Ammoniak in Ueberschuss erhält man eine
sapphirblaue Flüssigkeit. Kalilauge und Kieselkali geben
in der Aufl. grünliche Niederschläge. Chlorbaryum
bringt in der saueren verdünnten Aufl. des Gersdorffit
ein starkes Präc. hervor, von den übrigen erhält man
kein, oder nur ein geringes. — Nickelin und Gersdorffit
geben im Kolben kein oder nur ein geringes Sublimat

von met. Arsen, dagegen erhält man ein solches von Chloanthit*). Diesem ähnlich verhält sich der *Chatamit*, die eisenreichste Var. des Chloanthit, dessen Lösung mit Ammoniak in Ueberschuss ein rotbraunes Präc. (Eisenoxydhydrat) gibt, ferner *Korynit Ni(Fe)$_{91}$ As(Sb)$_{51}$ S$_{17}$; reg.: H.$_{4.5-5}$; G.$_{5.99}$; silberweiss in's Stahlgraue und *Wolfachit, chem. identisch mit dem Korynit aber rhomb.; silberweiss, welche v. d. L. auf Kohle neben dem Arsenrauch auch Antimonrauch und mit Soda Hepar geben. — Diese Mineralien reagieren v. d. L. gewöhnlich auf Kobalt. —

Vergl. *Ullmannit* 4., welcher arsenhaltig und sich dann dem Gersdorffit ähnlich verhält.

Arsenopyrit (Arsenkies) Fe$_{34}$ As$_{46}$ S$_{20}$; rhomb.; spaltb. prismat.; H.$_{5.5-6}$; G.$_{6-6.2}$; auf frischem Bruche silberweiss, etwas in's Grauliche. V. d. L. im Kolben gibt er ein Sublimat von met. Arsen und schmilzt auf Kohle, diese mit arseniger Säure weiss beschlagend, bei anhaltendem Blasen zu einem magnetischen Korn**). In Salpetersäure ist er mit Ausscheidung von Schwefel und arseniger Säure auflöslich. Die Aufl. gibt mit Ammoniak ein rötlichgelbes Präc. Mit der Eisenprobe stark hepatisch reagierend.

Vergl. gediegen Wismut 6 und gediegen Antimon, welche öfters arsenhaltig und durch Leichtflüssigkeit und gelben oder weissen Beschlag der Kohle leicht zu erkennen sind.

Proustit und Pyrargyrit zeigen oft metallähnlichen Glanz, sind leicht kenntlich durch das rote Strichpulver.

---

*) Der *Rammelsbergit (Weissnickelkies) = Chloanthit nur rhombisch.

**) Aehnlich verhält sich der *Löllingit* (Glanzarsenikkies) Fe$_{27}$ As$_{73}$; rhomb.; spaltb. bas.; H.$_{5-5.5}$; G.$_{7.1-7.4}$; welcher aber nach dem Verjagen des Arsens nur schwer und unvollkommen auf der Oberfläche schmilzt. Mit der Eisenprobe nicht oder nur schwach hepatisch reagierend.

2. **Es verbreiten v. d. L. auf Kohle oder in einer offenen Glasröhre erhitzt, starken rettigartigen Geruch von Selen.** (Vergl. auch die folgende Abteilung.)

Selenwismutglanz (Frenzelit) Bi 67 Se 24 S 7; rhomb.; spalth. brachydiag.; H. 2.5-3.5: G. 6.25; bleigrau; schmilzt leicht, färbt die Flamme blau, gibt mit Schwefel und Jodkalium auf Kohle den roten Beschlag von Jodwismut. Mit ihm findet sich der *Silaonit* Bi Se.

Tiemannit (Selenquecksilber) Hg 75 Se 25: H. 2.5; G. 7.1-7.4; stahlgrau bis schwärzlich-bleigrau; und *Lerbachit* (Selenquecksilberblei) Pb, Hg, Se; G. 7.8-7.88; bleigrau; geben mit Soda im Kolben met. Quecksilber, ebenso wenn sie als Pulver mit Eisenpulver gemengt in Kupferfolie gewickelt, im Glasrohr erhitzt werden. Selenquecksilberblei gibt auf der Kohle mit Soda Bleikörner, Selenquecksilber nicht. Beide verdampfen leicht; Selenquecksilber mit Schmelzen, Selenquecksilberblei schon vor dem Schmelzen*). — *Guadalcazarit* Hg 80 Zn 4 S (Se) 16: H. 2; G. 7.15; eisenschwarz; Strich schwarz: reag. wie die vorhergehenden auf Quecksilber, aber auch auf Schwefel und entwickelt daher das gebrauchte Eisenpulver nach dem Erhitzen mit der Mineralprobe, mit Salzsäure, Schwefelwasserstoff.

Clausthalit (Selenblei) Pb 72 Se 28: reg.; H. 2.5-3; G. 8.2-8.8: bleigrau; verflüchtigt v. d. L. grösstenteils, ohne zu schmelzen, und beschlägt die Kohle anfangs schwach metallisch grau, dann weiss und grünlichgelb. Mit Soda gibt er Bleikörner, doch schwierig. Die salpetersaure Aufl. fällt mit Schwefelsäure schwefelsaures Bleioxyd. Mit konzentr. Schwefelsäure in einem Kolben bis zum anfangenden Verdampfen der Säure erhitzt, färbt sich

---

*) Aehnlich wie der Tiemannit verhält sich das *Selenschwefelquecksilber (Onofrit) Hg 83 S 11 Se 6.

diese schön grün und gibt mit Wasser ein schön rotes Präc. oder dergl. Trübung (v. Selen). Ein Teil des Bleies wird oft durch Silber vertreten (bis 12 pCt), während andere Var. Kobalt (bis 3 pCt) enthalten (*Selenkobaltblei).

*Naumannit (Selensilber) Ag (Pb) 73 S 27; reg.; spaltb. hexaëdr.; H. 2.5; G. 8; eisenschwarz; schmilzt leicht, in der äussern Flamme ruhig, in der innern mit Aufschäumen und gibt mit Borax ein reines Silberkorn. In konzentr. Salpetersäure auflöslich. Die Aufl. gibt mit Salzsäure ein starkes Präc. von Chlorsilber.

*Berzelin (Selenkupfer) Cu 62 Se 38; silberweiss; *Raphanosmit (Selenbleikupfer) Se 30-37 Cu 4-47 Pb 17-65; G. 5.6-7.5; dunkel bleigrau - rötlichbleigrau und Eukairit Ag 43 Cu 25 Se 32; bleigrau; schmelzen auf Kohle zu einem met. Korn, welches, mit Salzsäure befeuchtet, die Flamme schön blau färbt. In konzentr. Salpetersäure sind sie aufl.; die Aufl. erhält mit Ammoniak in Ueberschuss versetzt eine lasurblaue Färbung. Die Aufl. von Eukairit gibt mit Salzsäure ein starkes Präc. von Chlorsilber, die von Raphanosmit mit Schwefelsäure ein Präc. von schwefels. Bleioxyd, die von Berzelin mit beiden Säuren keinen Niederschlag. Eine dem Berzelin ähnliche 18 pCt. Thallium enthaltende Verbindung ist der *Crookesit, er färbt die Lötrohrflamme lebhaft grün.

3. **V. d. L. auf der Kohle einen weisslichen Beschlag gebend, der die Reduktionsflamme grünlich oder grünlichblau färbt.*) In einer Reagensröhre mit viel konzentr. Schwefelsäure gelinde erhitzt, der Säure eine purpurrote oder auch hyazinthrote Farbe erteilend, welche auf Zusatz von Wasser unter Bildung eines schwarzgrauen Präcipitats (v. Tellur) verschwindet.**

---

*) Legt man die beschlagene Kohle auf ein Glas mit Schwefelammonium, so wird durch dessen Dämpfe der Beschlag schwach bräunlich gefärbt, während sich der Beschlag von Antimon orangerot färbt.

· Wenn man das Präc. auf einem Filter sammelt und trocknet
so erteilt es der konz. Schwefelsäure beim anfangenden Erwärmen
die Purpurfarbe; diese verschwindet bei fortgesetztem Erhitzen.
Die meisten Tellurverbindungen entwickeln auf der Kohle v. d. L.
auch etwas rettigartigen Geruch von Selen.

Die Tellurerze können nach der Farbe in zwei Gruppen
unterschieden werden.

a) Von zinnweisser oder silberweisser Farbe sind:

Gediegen Tellur Te; rhomboëdr.; H.$_{2-2.5}$; G.$_{6.1-6.3}$; zinnweiss in's Silberweisse. V. d. L. schmilzt es leicht, lässt
sich ganz fortblasen, raucht stark und brennt mit grün-
licher Flamme. In Salpetersäure ist es ohne Rückstand
auflöslich. Die Auflösung gibt mit Kalilauge ein weisses
in Ueberschuss grösstenteils aufl. Präcip. Salzsäure und
Schwefelsäure bringen keinen merklichen Niederschlag
hervor.

Hessit (Tellursilber) Ag$_{63}$ Te$_{37}$ (Sp. von Eisen und Gold);
reg.: H.$_{2.5-3}$; G.$_{8.1-8.5}$ und *Altait* (Tellurblei) Pb$_{62}$ Te$_{38}$;
reg.: H.$_{3-3.5}$; G.$_{8.1-8.2}$ sind in Salpetersäure ohne Rückstand auflöslich. Die Aufl. von Hessit gibt bei Ueberschuss
von Salpetersäure mit Schwefelsäure kein, die von Altait
ein starkes Präc. Der erste gibt mit Soda v. d. L. ein
Silberkorn. Hessit ist geschmeidig, Altait milde, aber
nicht geschmeidig.

Müllerin (Weisstellur) Te$_{46}$ Au$_{27}$ Pb$_{20}$ Ag$_{9}$; rhomb.; silber-
weiss in's Messinggelbe; spröde; ist in Salpetersäure mit
Ausscheidung von Gold grösstenteils aufl. Die Auflösung
gibt mit Salzsäure ein Präcipitat von Chlorsilber, mit
Schwefelsäure einen Niederschlag von schwefels. Bleioxyd.
Vergl. die folgenden.

b) von bleigrauer oder stahlgrauer Farbe sind:

Stützit (Tellursilberblende), Te mit über 70 pCt. Ag.; bleigrau in's Rötliche.

Coloradoit Hg$_{61}$ Te$_{39}$; H.ca.$_{2}$; G.$_{8.63}$; eisenschwarz in's
Graue oft bunt angelaufen. Gibt im Kolben starkes

Sublimat von Quecksilber. Löslich in kochender Salpetersäure mit Abscheidung telluriger Säure.

Tetradymit Bi 59 Te 26 S 5; rhomboëdr.; spaltb. bas.; H. 1-2;
G. 7.4-7.5; licht bleigrau; in dünnen Blättchen etwas biegsam; schmilzt v. d. L. leicht zur silberweissen spröden
Metallkugel, auf Kohle mit Jodkalium zusammengeschmolzen, gibt er einen roten Beschlag. Ist in Salpetersäure leicht, mit Ausscheidung von etwas Schwefel, aufl.
Die Aufl. gibt mit Schwefelsäure und Salzsäure kein, mit
Kalilauge ein weisses, in Ueberschuss unaufl. Präc. Eine
ähnliche Verbindung ist der *Josëit* (Tetradymit mit
79 pCt. Wismut).

Sylvanit (Schrifterz) Te 63 Ag 13 Au 24; monosym.; spaltb.
klinodiagon.; H. 1.5-2; G. 8; licht stahlgrau:*). — V. d. L.
leicht schmelzend, bei längerem Blasen zum geschmeidigen
Metallkorn. In Salpetersäure unvollkommen, in Salpetersalzsäure mit Ausscheidung von Chlorsilber aufl. Die Auflösung gibt bei den reineren Varietäten mit Schwefelsäure kein Präc. Der *Colaverit* ist derb und bronzegelb und
enthält neben Tellur und Silber 41 pCt. Gold. H. 2.5; G. 9.

Nagyagit (Blättererz), Pb, Au, Te, S; rhomb.; spaltb.
brachydiagon.; H. 1-1.5; G. 6.8-7.2; schwärzlich bleigrau.
V. d. L. leicht schmelzend, bei lange fortgesetztem
Blasen zu einem geschmeidigen Metallkorn. In Salpetersäure leicht und grösstenteils auflöslich. Die Aufl. gibt
mit Schwefelsäure ein starkes Präc. von schwefels. Bleioxyd. Mit konzentr. Schwefelsäure erhält man beim Erwärmen nicht wie bei den vorhergehenden eine schön
rote Flüssigkeit, sondern eine hyazinthrote oder bräun-
lichgelbe. Von Wasser wird sie mit Ausscheidung von
Tellur entfärbt.

Vergl. auch Belonit 5.

_____

*) Von ähnlicher Mischung (mit grösserem Silbergehalt) ist der
Petzit Ag 47 Au 18 Te 35; G 8.8.

4. Es entwickeln v. d. L. starken Antimonrauch.

Der Rauch ist beinahe geruchlos oder riecht nach schwefliger Säure oder schwach arsenikalisch von Schwefel- oder
zufälligem Arsengehalt der Erze. Er beschlägt, wie er sich
bei der ersten Einwirkung der Hitze entwickelt, die Kohle
rein weiss und erteilt der Reduktionsflamme keine Farbe,
durch Dämpfe von erwärmtem Schwefelammonium wird er
orangerot gefärbt.

Gediegen Antimon Sb, meist mit kleinen Beimengungen von
Silber, Eisen oder Arsen; rhomboēdr.; spaltb. bas.; H. s-$s.s$;
G. $e.e$-$e.e$; zinnweiss; *Antimonit* (Antimonglanz), $Sb_{12}S_{23}$;
rhomb.; spaltb. brachydiagon.; H. s; G. $s.6$-$s.7$; bleigrau in's
Stahlgraue; *Zinckenit* $Pb_{36}Sb_{42}S_{22}$; rhomb.; H. $s.s$; G. $s.s$;
stahlgrau; *Jamesonit* $Pb_{50}Sb_{30}S_{20}$; rhomb.; H. s-$s.s$;
G. $s.s6$-$s.62$; stahlgrau und *Bournonit* $Pb_{42}Cu_{13}Sb_{25}S_{20}$;
rhomb.; H. $s.s$-s; G. $s.7$-$s.86$ stahlgrau, sind v. d. L. vollkommen flüchtig oder können grösstenteils fortgeblasen
werden.

Antimon v. d. L. stark erhitzt, brennt lange fort, ohne
dass man weiter darauf bläst und bedeckt sich mit weissen
Nadeln von Oxyd.*)

Antimonit wird als Pulver von konzentr. Kalilauge
schnell ockergelb gefärbt und ist darin grösstenteils auflöslich. Die Aufl. fällt mit Salzsäure gelbrote Flocken.

Zinckenit, Jamesonit und Bournonit verändern, als
Pulver mit Kalilauge digeriert, ihre Farbe nicht, doch wird
von der Lauge beim Einkochen bis fast zur Trockene,
Schwefelantimon ausgezogen, welches mit Salzsäure in
gelbroten oder orangefarbenen Flocken gefüllt wird.
Zinckenit und Jamesonit werden von Salpetersäure zu
einem weissen Pulver oxydiert, ohne dass viel aufgelöst
und der Säure eine Farbe erteilt wird. Von Bournonit

---

*) Vgl. gediegen Wismut und Bismutin.

erhält man eine partielle himmelblaue Auflösung, welche mit Schwefelsäure ein weisses Präc. von schwefels. Bleioxyd gibt und mit Ammoniak in Ueberschuss eine lasurblaue Farbe annimmt. Dem Bournonit ähnlich verhält sich der *Stylotyp S 24 Sb 31 Cu 28 Ag 8 Te 7; H. 3; G. 4.79; gibt aber in der salpetersalzs. Lösung mit Schwefelsäure kein Präcipitat.

Diesen Mineralien stehen im chemischen Verhalten sehr nahe die selten vorkommenden Verbindungen: *Boulangerit ($\overset{\scriptscriptstyle|}{Pb}{}^3\overset{\scriptscriptstyle|||}{Sb}$), *Geokronit ($\overset{\scriptscriptstyle|}{Pb}{}^5\overset{\scriptscriptstyle|||}{Sb}$), *Kilbrikenit ($\overset{\scriptscriptstyle|}{Pb}{}^6\overset{\scriptscriptstyle|||}{Sb}$). *Plagionit ($\overset{\scriptscriptstyle|}{Pb}{}^5\overset{\scriptscriptstyle|||}{Sb}{}^4$), *Meneghinit ($\overset{\scriptscriptstyle|}{Pb}{}^4\overset{\scriptscriptstyle|||}{Sb}$).

Auch mancher mit Antimonit gemengte *Galenit* (Bleiglanz) verhält sich ähnlich und ebenso *Kobellit $\overset{\scriptscriptstyle|}{Pb}{}^3(\overset{\scriptscriptstyle|||}{Bi,Sb})$ mit 35 pCt. Schwefelwismut. Er gibt mit Schwefel und Jodkalium zusammengeschmolzen auf Kohle einen roten und gelben Beschlag. Die salpeters. Lösung fällt mit Schwefelsäure schwefelsaures Bleioxyd.

Diskrasit (Antimonsilber) Ag 64-84 Sb 16-36; rhomb.; spaltb. bas. und brachydomat.; H. 3.5; G. 9.4-10; silberweiss; *Stephanit* (Sprödglaserz) Ag 68 Sb 16 S 16; rhomb.; H. 2-2.5, G. 6.2; eisenschwarz-schwärzlich bleigrau; Strich schwarz; *Polytelit* (Silberfahlerz *) Ag 31 Cu 15 Fe 6 Zn 1 Sb 25 S 21; reg. tetraëdr.; H. 3.5: G. 5; stahlgrau-eisenschwarz; Strich graulichschwarz und *Miargyrit Ag 37 Sb 41 S 22; monosym.; H. 2-2.5; G. 5.18-5.25; eisenschwarz-licht stahlgrau; Strich dunkelkirschrot geben v. d. L. mit Soda, oder Borax und Soda ein geschmeidiges Silberkorn und die salpeters. Aufl. fällt mit Salzsäure Chlorsilber. Diskrasit gibt mit Soda kein Hepar und wird von Kalilauge nicht

---

*) Das silberarme Antimonialfahlerz, *Tetraëdrit*, unterscheidet sich von dem silberreichen durch den geringeren Niederschlag, welchen Salzsäure in der salpeters. Aufl. hervorbringt, mit Ammoniak in Ueberschuss erhält man bei beiden eine lasurblaue Flüssigkeit.

angegriffeu. Die übrigen geben mit Soda Hepar und von Kalilauge wird, bei starker Konzentration gekocht, Schwefelantimon ausgezogen, welches durch Salzsäure in orangefarbenen Flocken gefällt wird. Die partielle salpeters. Aufl. von Stephanit und Miargyrit nimmt, mit Ammoniak in Ueberschuss versetzt, keine oder nur eine schwach bläuliche, die von Polytelit aber eine lasurblaue Farbe an. Ein im allgemeinen den vorhergehenden sich ähnlich verhaltendes Erz ist der *Brongniartit* $Ag_{26} Pb_{16}$ $Sb_{30} S_{19}$; reg., welcher beim Zersetzen mit Salpetersäure schwefels. Bleioxyd ausscheidet. Ebenso der *Freieslebenit* $Ag_{23} Pb_{32} Sb_{27} S_{18}$; monosym. und der ihm chem. gleiche aber rhomb. krystallisierende *Diaphorit*.

Vergl. Pyrargyrit.

Spaniolith (Quecksilberfahlerz) $Cu_{32-37} Hg_{3-17} Fe_{1-6} Zn_{1-6}$ $Sb_{19-27} S_{22-25}$; reg. tetraëdr.; gibt mit Eisenpulver und Soda zusammengerieben, in Kupfertolie gewickelt und im Glasrohr erhitzt, Quecksilber. Die salpeters. Aufl. färbt sich mit Ammoniak in Ueberschuss lasurblau.

Chalkostibit (Kupferantimonglanz) $Cu_{26} Sb_{49} S_{26}$; rhomb.; spaltb. brachydiagon.; H. 3.5; G. 5; bleigrau-eisenschwarz gibt mit Soda nach längerem Schmelzen ein Kupferkorn und in der salpetersauern Aufl. bringt Salzsäure kein. Präc. hervor, Ammoniak in Ueberschuss färbt sie lasurblau.

Ullmannit (Antimonnickelglanz) $Ni_{27} Sb_{58} S_{15}$; reg. tetraëdr.; spaltb. hexaëdr.; H. 5–5.5; G. 6.2–6.5; bleigrau in's Stahlgraue; *Breithauptit* (Antimonnickel) $Ni_{32} Sb_{68}$ hexagon.; H. 5; G. 7.5–7.6; licht kupferrot in's Violette und *Berthierit* $Sb_{57} Fe_{13} S_{30}$; H. 2–3; G. 4–4.3; dunkel stahlgrau etwas in's Bräunliche geben nach anhaltendem Schmelzen auf Kohle eine schwach magnetische Kugel. Breithauptit ist strengflüssig, Salzsäure greift ihn wenig an, Salpetersalzs. löst ihn leicht und vollkommen auf. Ullmannit ist leichtflüssig, Salzsäure greift ihn wenig an,

Salpetersalzs. löst ihn mit Ausscheidung von Schwefel auf.*) Berthierit ist leichtflüssig und wird von Salzsäure leicht und vollkommen mit Entwicklung von Schwefelwasserstoff aufgelöst.

5. **Es geben v. d. L. mit Soda Hepar, ohne dass ihnen die in den vorhergehenden Nummern angegebenen allgemeinen Charaktere zukommen.** Mit der Eisenprobe hepatisch reagierend.

Argentit (Glaserz) $Ag_{87} S_{13}$; reg. (während der chem. gleiche *Akanthit* rhomb.); $H._{2-2.5}$; $G._{7-7.4}$ und *Jalpait* $Ag_{72} Cu_{14} S_{14}$; reg.; spaltb. hexaëdr.; $H._{2.5}$; $G._{6.87-6.89}$ sind von den folgenden leicht durch ihre Geschmeidigkeit zu unterscheiden, indem sie sich wie Blei schneiden lassen. Die salpeters. Lösung gibt mit Salzsäure starkes Präc. von Chlorsilber, mit Zusatz von Ammoniak färbt sie sich bei Jalpait blau, bei Argentit nicht. Mit Cyankalium v. d. L. auf Kohle leicht zu Silber und kupferhaltigem Silber reduzierbar.

Alabandin (Manganglanz) $Mn_{63} S_{37}$; reg. tetraëdr.; spaltb. hexaëdr.; $H._{3.5-4}$; $G._4$ und *Hauerit* $Mn_{46} S_{54}$; reg. pentagon.; $H._4$; $G._{3.46}$ sind von den folgenden leicht durch die Farbe des Pulvers zu unterscheiden, welche bei ersterem lauchgrün, bei letzterem bräunlichrot. Beide geben mit einem Gemisch von Phosphors. und Salpeters. eingekocht eine schöne violette Flüssigkeit.

Zinnober $Hg_{86} S_{14}$; rhomboëdr.; spaltb. prismat.; $H._{2-2.5}$; $G._{8-8.2}$ in manchen Variet. von bleigrauer Farbe, ist durch den roten Strich charakterisiert. Gibt im Kolben mit Eisenpulver gemengt und in Kupferfolie gewickelt, met. Quecksilber.

Vergl. Proustit und Pyrargyrit.

---

*) Im Uebrigen verhalten sich die Aufl. von Breithauptit und Ullmannit mit Ammoniak, wie unter I. bei Nickelin angegeben.

Galenit (Bleiglanz) $Pb_{87} S_{13}$; reg.; spaltb. hexaëdr.; $H._{2.5}$: $G._{7.3-7.6}$; bleigrau; kann v. d. L. mit Soda leicht zu Blei reduziert werden und beschlägt die Kohle grünlichgelb. Ist in konzentr. Salpetersäure leicht mit Ausscheidung von Schwefel und schwefels. Beioxyd aufl. Die salpeters. Aufl. des Galenit nimmt mit Ammoniak in Ueberschuss versetzt keine blaue Farbe an. Letzteres ist aber der Fall bei der Aufl. des *Cuproplumbit* $Pb_{65} Cu_{20} S_{15}$; reg.; spaltb. hexaëdr.; $H._{2.5}$; $G._{6.4-6.43}$; der sonst ein dem Galenit ähnliches Verhalten v. d. L. zeigt. Der ebenfalls ähnliche *Huaskolit* (Bleiglanz mit Zinkgehalt) gibt nach Zersetzung mit Salpetersäure und (nach zugesetzter Schwefelsäure) Abscheidung des schwefels. Bleioxyds, mit Ammoniak keine blaue Farbe und weiter mit Schwefelammonium ein weissliches Präc. von Schwefelzink.

Chalkosin (Kupferglanz) $Cu_{80} S_{20}$; rhomb.; $H._{2.5-3}$; $G._{5.5-5.8}$; schwärzlich bleigrau - stahlgrau; *Stromeyerit* (Silberkupferglanz) $Cu_{31} Ag_{53} S_{16}$: rhomb.; $H._{2.5-3}$; $G._{6.2-6.3}$; *Wittichenit* (Kupferwismutglanz) $Cu_{38} Bi_{42} S_{20}$; rhomb.; $H._{2.5}$; $G._{4.3}$; *Stannin* (Zinnkies) $Fe_{13} Cu_{29} Sn_{28} S_{30}$; reg. tetraëdr.; $H._{4}$; $G._{4.3-4.5}$; stahlgrau in's Messinggelbe; *Chalkopyrit* (Kupferkies*) $Cu_{35} Fe_{30} S_{35}$; tetragon. sphenoid.; $H._{3.5-4}$; $G._{4.1-4.3}$; messinggelb; *Cuban* $Cu_{21} Fe_{39} S_{40}$; reg.; spaltb. hexaëdr.; $H._{4}$; $G._{4-4.18}$; messinggelb; *Bornit* (Buntkupfererz**) $Cu_{56} Fe_{16} S_{28}$; reg.; $H._{3}$; $G._{4.9-5}$; kupferrot in's Gelbe (auf frischem Bruche); *Belonit* (Nadelerz) $Pb_{56} Cu_{11} Bi_{36} S_{17}$; rhomb.;

---

*) Dem Chalkopyrit sehr ähnlich ist der *Barnhardtit* (Homichlin) $Cu_{48} Fe_{22} S_{30}$: $H._{3.5}$; $G._{4.52}$. Die messinggelbe Farbe des frischen Bruches ändert sich bei ihm in 24 Stunden in Goldgelb.

**) Ein in Farbe und Buntanlaufen dem Bornit ähnliches Kupfererz ist der *Castillit*, S. Cu, Zn, Pb, Ag, Fe, gibt beim Zersetzen mit Salpetersäure einen Rückstand von schwefels. Bleioxyd.

H. **2.5**; G. **6.75**; *Saynit* (Nickelwismutglanz*), Bi, Ni, S; *Cuproplumbit*, s. o. und *Pentlandit* (Eisennickelkies) Fe **42** Ni **22** Si **36**; reg.; spaltb. octaëdr.; H. **3.5-4**; G. **4.6**; tombackbraun geben mit Salpetersäure eine partielle himmelblaue oder grüne Auflösung, welche durch Ammoniak in Ueberschuss eine himmelblaue oder lasurblaue Farbe annimmt. Wird die blaue ammoniakal. Flüssigkeit mit Schwefelsäure stark angesäuert, und dann ein Streifen von blankem Eisenblech hineingestellt, so wird auf diesem bei allen, mit Ausnahme von Pentlandit (wenn ihnen nicht Chalkopyrit beigemengt ist) met. Kupfer gefällt. Diese Erze schmelzen v. d. L. zu einer spröden stahlgrauen Kugel, welche vom Magnet gezogen wird. Pentlandit wirkt schon unmittelbar auf die Magnetnadel.

Die übrigen, deren Farbe grau ist, unterscheidet man auf folgende Weise:

a. Wittichenit und Belonit geben, auf Kohle mit Schwefel und Jodkalium zusammengeschmolzen (bei fortgesetztem Blasen) einen roten Beschlag von Jodwismut, ihre gesättigte salpeters. Lösung wird auf Zusatz einer hinreichenden Menge Wasser weiss getrübt. In der sauern Auflösung von Belonit bringt Schwefelsäure ein Präc. von schwefels. Bleioxyd hervor, was bei den übrigen nicht der Fall ist. (Vgl. Chiviatit). Wittichenit gibt v. d. L. mit Soda ein Kupferkorn**).

b. Die gesättigte salpeters. Aufl. gibt mit Wasser kein Präc., dagegen mit Schwefelsäure ein solches von schwefels. Bleioxyd bei Cuproplumbit.

---

*) Nach Laspeyres ein ‚mit Wismutglanz, Kupferkies, Kupferglanz und Bleiglanz verunreinigter Polydymit (Ni, Fe, Co)^4 S ^{5}.

) Dem Wittichenit ähnlich verhalten sich *Emplektit (Tannenit)* Cu **19 Bi **62** S **19** und *Klaprothit* Cu **25** Bi **56** S **19**.

c. Die salpeters. Aufl. gibt mit Wasser und Schwefelsäure kein, dagegen mit Salzsäure ein starkes Präc.
von Chlorsilber bei Stromeyerit.

d. Von den erwähnten Reagentien wird in der Aufl. kein
oder ein sehr geringes Präcipitat erhalten bei Chalkosin
und Stannin. Vgl. Tetraëdrit.
Chalkosin gibt v. d. L. auf Kohle bei längerem
Blasen schon für sich ein geschmeidiges Kupferkorn
und ist in Salpetersäure mit Ausscheidung von Schwefel
auflöslich. Stannin gibt für sich kein geschmeidiges
Metallkorn und wird von Salpetersäure mit Ausscheidung von Schwefel und Zinnoxyd aufgelöst.

Millerit (Haarkies) Ni $_{44}$ S $_{56}$; rhomboëdr. haarförmige
Krystalle; H. $_{3.5}$; G. $_{5.26-5.3}$; messinggelb in's Speisgelbe;
Linnéit (Kobaltnickelkies) (Ni, Co, Fe) $_{58}$ S $_{42}$; reg.; H. $_{5.5}$;
G. $_{4.8-5}$; rötlich silberweiss, oft bunt angelaufen; *Carrollit*
Cu $_{21}$ Co $_{38}$ S $_{41}$; H. $_{5.5}$; G. $_{4.8}$; zinnweiss-stahlgrau; *Pyrit*
(Eisenkies) Fe $_{47}$ S $_{53}$; reg.; pentagon., hem.; speisgelb;
Pyrrhotin (Magnetkies) Fe $_{60-32}$ S $_{40-38}$; hexag.; H. $_{3.5-4.5}$;
G. $_{4.5-4.6}$; speisgelb in's Kupferrote; tombackbraun an-
laufend und *Sternbergit* Ag $_{33-35}$ Fe $_{36}$ S $_{30-29}$; rhomb.;
spaltb. bas.; H. $_{1-1.5}$; G. $_{4.2-4.25}$; tombackbraun, blau anlaufend*) schmelzen v. d. L. zu einer auf die Magnetnadel wirkenden Kugel, welche, mit Salzsäure befeuchtet,
der Flamme keine merkliche Färbung erteilt, ausser
bei Carrollit, welcher so behandelt, die Flamme blau färbt.
Die partielle salpeters. Aufl. ist nicht himmelblau gefärbt.
Linnéit und Carrollit erteilen v. d. L. dem Boraxglase
eine sapphirblaue Färbung. In Salpetersäure sind sie leicht
und vollkommen zu einer rosenroten Flüssigkeit auflöslich.
Die Aufl. gibt mit Chlorbaryum ein weisses Präc.. Aus

*) Von ähnlicher Zusammensetzung wie Sternbergit sind *Argento-
pyrit, *Argyropyrit und *Friséit.

der Lösung von Carrollit fällt Eisen met. Kupfer. — Sternbergit ist v. d. L. teilweise zu Silber reduzierbar. Die partielle salpeters. Aufl. gibt mit Salzsäure ein starkes Präc. von Chlorsilber. — Pyrit und Pyrrhotin geben v. d. L. nur die Reaktion von Eisen und Schwefel. Pyrit*) wirkt vor dem Schmelzen nicht auf die Magnetnadel und wird von Salzsäure nur wenig angegriffen, mit Salpetersalzs. erhält man eine Lösung, in welcher Ammoniak ein braunrotes Präc. gibt, in Ueberschuss unlöslich und die Flüssigkeit nicht blau färbend. Pyrrhotin wirkt schon für sich auf die Magnetnadel und ist in Salzsäure mit Entwickelung von Schwefelwasserstoff grösstenteils auflöslich. — Millerit wird von Salpetersäure nur wenig angegriffen. Mit Salpetersalzs. erhält man eine grünliche Aufl., worin Kalilauge ein grünliches Präc. hervorbringt, Ammoniak ein in Ueberschuss mit blauer Farbe lösliches. Dem Millerit steht nahe der *Beyrichit* Ni₅₄ Fe₃ S₄₃; H.₃-₃.₅; G.₄.₇; bleigrau; gibt v. d. L. im Kolben ein Sublimat von Schwefel, Millerit gibt kein solches.

Bismutin (Wismutglanz) Bi₈₁ S₁₉; rhomb.; spaltb. brachydiagon.; H.₂-₂.₅; G.₆.₄-₆.₆; licht bleigrau in's Stahlgraue; schmilzt v. d. L. im Reduktionsfeuer mit Kochen und Spritzen, gibt eine Wismutkugel und beschlägt die Kohle gelblich, mit Jodkalium geschmolzen erhält man einen roten Beschlag. In Salpetersäure ist er mit Ausscheidung von Schwefel aufl. Die konzentr. Aufl. trübt sich beim Verdünnen mit Wasser und gibt ein weisses Präc. Der *Chiviatit* Bi₆₁ Pb(Cu)₂₀ S₁₈; G.₆.₉₂ von sonst ähnlichem Verhalten, wird von Salpeters. mit Ausscheidung von schwefels. Bleioxyd zersetzt. Der *Emplektit* Cu₁₉ Bi₆₂S₁₉; rhomb.; spaltb. makrodiagon.; H.₂; G.₆.₂₈-₆.₃₈; gibt mit

---

*) *Markasit* (rhombischer Eisenkies, Speerkies) = *Pyrit* nur rhomb. Sie werden von Salpetersäure zersetzt.

Salpeters. eine blaugrüne Lösung, die sich mit Ueberschuss von Ammoniak lasurblau färbt, sonst wie Bismutin. Vgl. gediegen Wismut.

6. Es sind noch übrig:

Amalgam Hg mit **27-63** pCt. Ag; reg.; H.**3-3.5**; G.**13.7-14.1** silberweiss; gibt v. d. L. im Kolben mit Kochen und Spritzen metallisches Quecksilber und hinterlässt eine aufgequollene Silbermasse. In Salpeters. leicht aufl. Die silberreichsten Amalgame sind der *Arquerit* mit **86** pCt. und der *Kongsbergit* mit **95** pCt. Ag.

Metacinnabarit (amorpher Zinnober); G.**7.7**; grauschwarz; Strich schwarz gibt mit Eisenpulver gemengt v. d. L. im Kolben Quecksilber und Schwefeleisen, welches mit Salzs. Schwefelwasserstoff entwickelt. Der sonst ähnliche ***Guadalcazarit*** enthält etwas Zink. Vgl. p. 8.

Gediegen Wismut Bi; rhomboëdr.; spaltb. rhomboëdr. und bas.; H.**2.5**; G.**9.6-9.8**; rötlich silberweiss; nicht dehnbar ist leicht schmelzbar, brennt aus der Flamme genommen nicht fort, verdampft bei längerem Blasen und beschlägt die Kohle anfangs weiss, dann z. T. orangefarben oder gelb, welche Farbe sich beim Abkühlen etwas bleicht. Mit Schwefel und Jodkalium als Pulver zusammengeschmolzen erhält man bei anhaltendem Blasen einen weissen, zinnoberrot gesäumten Beschlag. Ist in Salpeters. leicht aufl. Die gesättigte Aufl. gibt mit viel Wasser ein weisses Präc.

Rabdionit $\overset{.}{\text{Fe}}$**45** $\ddot{\text{Mn}}$**13** $\overset{..}{\text{Al}}$**1** $\overset{..}{\text{Co}}$**5** $\overset{.}{\text{Cu}}$**14** $\ddot{\text{Mn}}$**8** $\dot{\text{H}}$**14**; G.**2.8**; schwarz; matt nimmt auf dem Strich metallähnlichen Fettglanz an; färbt das Boraxglas kobaltblau, gibt mit Phosphorsäure eingekocht, eine violette Lösung.

Hämatit (Roteisenerz) $\overset{..}{\text{Fe}}$; rhomboëdr.; H.**5.5-6.5**; G.**5.19-5.28**; Strich kirschrot; schwer schmelzbar, wird im Reduktionsfeuer magnetisch.

Cuprit, manchmal metallähnlich glänzend, ist leicht zu Kupfer reduzierbar.

Magnetit (Magneteisenerz), meistens über 5 schmelzbar, ist leicht durch die Eigenschaft, für sich schon stark auf die Magnetnadel zu wirken und durch den schwarzen Strich zu erkennen. Der z. T. metallähnlich glänzende und (von eingemengtem Magnetit) magnetische *Hortonolith* und der *Röpperit* gelatinieren mit Salzsäure; ebenso der *Fayalit*. Dieser hat den Schmelzgrad 3, Hortonolith 4.

Wolfram (Wolframit) $\overset{..}{Mn}_{5-14} \overset{.}{Fe}_{19-9} \overset{..}{W}_{76}$; monosym.; spaltb. klinodiagon.; H. $5-5.5$; G. $7.14-7.54$.; grauschwarz in's Eisenschwarze; Strich dunkel rotbraun schmilzt v. d. L. $= 3$ zu einer grauen, öfters krystallinischen Kugel. Mit Phosphorsäure stark eingekocht einen schönen blauen Syrup gebend, dessen Farbe besonders beim Abkühlen hervortritt. Mit Wasser verdünnt erhält man eine anfangs rötlichgelbe, dann farblose Flüssigkeit. Auf Zusatz von Eisenpulver und etwas Schwefelsäure färbt sie sich beim Umschütteln allmählich intensiv sapphirblau. Diese Flüssigkeit mit viel Wasser verdünnt verliert nach einigen Minuten wieder die blaue Farbe. Wird dem blauen Syrup mit Phosphors. etwas Salpeters. zugesetzt, so ändert sich seine Farbe in Violett (die Manganreaktion).

Psilomelan, in manchen Var. (schwer) schmelzbar, reagiert v. d. L. mit Borax stark auf Mangan und entwickelt beim Kochen mit konzentr. Salzsäure Chlor. Dunkel bläulichgrau, amorph.

Liëvrit und *Allanit* gelatinieren vollkommen mit Salzsäure. Allanit bläht sich v. d. L. stark auf, Liëvrit nur wenig, beide schmelzen leicht.

Plattnerit $\overset{.}{Pb}$; hexagon.; G. $9.89-9.45$; von metallähnlichem Diamantglanz, eisenschwarz, im Striche braun, ist mit Soda v. d. L. leicht zu Blei reduzierbar.

Samarskit, N̈b, Ḟe, Ü̈, Ẏ: rhomb.; spaltb. brachydiagon.; H.5-6; (i.5.61-5.76; schwarz; Strich dunkelrotbraun; von unvollkommenem Metallglanz, schmelzbar 4—5 zu einer stahlgrauen Masse. Mit Kalihydrat im Silbertiegel geschmolzen und mit Wasser ausgelaugt und filtriert, erhält man eine grüne Lösung, welche mit Salzsäure neutralisiert ein weissliches Präcipitat gibt. Wird dieses mit einer hinreichenden Menge rauchender Salzsäure und Stanniol einige Minuten gekocht und dann mit dem gleichen Volumen Wasser verdünnt, so gibt es eine klare sapphirblaue Lösung.

B. Unschmelzbar oder von dem Schmelzgrade über 5.

1. **Es erteilen dem Boraxglase in sehr geringer Menge zugesetzt im Oxydationsfeuer eine amethystrote Farbe.**

Die hieher gehörenden Manganoxyde sind in konzentr. Salzsäure mehr oder weniger leicht und mit Chlorentwickelung auflöslich. Sie geben beim Einkochen des Pulvers mit Phosphorsäure bis zur dicken Syrupkonsistenz eine schön violette Flüssigkeit, welche mit Wasser verdünnt durch Schütteln mit einigen Krystallen von Eisenvitriol sich entfärbt.

Vgl. Franklinit in der folgenden Abteilung, er wirkt für sich merklich auf die Magnetnadel.

Lithiophorit, M̈n, Ä̈l, L̇i, Ḣ; H.3.5-5; G.3.14-3.86; färbt die Löthrohrflamme carminrot. Vgl. Psilomelan.

Crednerit Ċu 43 M̈n 57; spaltb.; H. 4.5-5; (i. 4.89-5.07; erteilt mit Salzsäure befeuchtet der Löthrohrflamme eine schöne blaue Farbe. Die salzs. Aufl. gibt mit Ammoniak in Ueberschuss ein Präc. und eine lasurblaue Flüssigkeit, welches bei den folgenden nicht der Fall ist.

Braunit M̈n; tetragon.; spaltb. pyramidal; H.6-6.5; G. 4.73-4.9; dunkel bräunlichschwarz; Strich schwarz, ein wenig in's Bräunliche. Gibt v. d. L. im Kolben kein oder nur Spuren von Wasser.

Hausmannit $\ddot{M}n_{81} \ddot{M}n_{69}$; tetragon.; spaltb. bas.; H.₅-₅.₅ → H.$_{5-5.5}$; G.$_{4.7-4.87}$; bräunlichschwarz; Strich braun. Gibt v. d. L. im Kolben kein Wasser.

Manganit $\ddot{M}n_{91} \ddot{H}_{9}$; rhomb.; spaltb. brachydiagon. und prismat.; H.$_{3.5-4}$; G.$_{4.3-4.4}$; stahlgrau — eisenschwarz; Strich braun. Gibt v. d. L. im Kolben Wasser.

Psilomelan, $\ddot{M}n$, $\ddot{B}a$, $\dot{K}a$, $\dot{L}i$, $\dot{H}$; H.$_{5-6.6}$; G.$_{4.13-4.33}$; bläulich — graulich-schwarz; Strich bräunlich-schwarz, schwarz. Gibt v. d. L. im Kolben Wasser. Die meisten Var. geben in der salzs. Aufl. mit Schwefelsäure ein starkes Präc. von schwefels. Baryt.

Pyrolusit (Polianit) $\ddot{M}n$; rhomb.; spaltb. prismat., brachydiagon. und makrodiagon.; H.$_{2-2.5}$; G.$_{4.7-5}$; eisenschwarz zum Stahlgrauen; Strich schwarz. V. d. L. im Kolben kein oder nur Spuren von Wasser gebend.

Vgl. Alabandin und Hauerit.

2. Es werden, im Reduktionsfeuer auf Kohle geglüht, auf die Magnetnadel wirksam oder sind es schon für sich.

Löllingit und *Arsenopyrit*, in manchen Var. unvollkommen schmelzbar, sind von den folgenden durch den Arsengeruch, den sie v. d. L. auf Kohle entwickeln, leicht zu unterscheiden.

Hämatit $\ddot{F}e$; rhomboëdr. (Eisenglanz), mikrokrystallin (Roteisenerz); H.$_{5.5-6.5}$ resp. ₃-₅; G.$_{5.19-5.28}$ resp. $_{4.5-4.9}$; ist von den folgenden durch kirschroten Strich bei eisenschwarzer, stahlgrauer oder auch bräunlichroter Farbe zu unterscheiden. In Salzsäure langsam auflöslich.

Franklinit $\dot{Z}n_{21} \dot{F}e (\dot{M}n)_{11} \ddot{F}e_{69} \ddot{M}n_{3}$; reg.; H.$_{6-6.5}$; G.$_{5-5.1}$; eisenschwarz; Strich braun und *Magnetit* (Magneteisenerz) $\dot{F}e_{31} \ddot{F}e_{69}$; reg.; H.$_{5.5-6.5}$; G.$_{4.9-5.2}$; eisenschwarz; Strich schwarz; magnetisch. Von konzentr. Salzsäure werden beide langsam aufgelöst. Franklinit entwickelt

dabei Chlorgas, Magnetit nicht. Franklinit gibt beim
Einkochen des Pulvers mit Phosphorsäure eine schön
violette Flüssigkeit, Magnetit nicht. Dem Franklinit
ähnlich verhält sich der *Jacobsit* Mn $_{21}$ Mg $_6$ $\overset{..}{Fe}$ $_{88}$ $\overset{..}{Mn}$ $_4$;
reg.; G. $_{4.75}$; magnetisch; seine phosphorsaure Lösung
wird aber erst auf Zusatz von Salpetersäure beim Erwärmen violett. Der in Salzs. schwer lösliche *Magno-
ferrit* oder *Magnesioferrit* Mg $_{16}$ $\overset{..}{Fe}$ $_{84}$ gibt nach Abscheidung des Eisenoxyds durch einen Ueberschuss von
Ammoniak, im Filtrat mit phosphors. Natron ein Präc.
von phosphors. Ammoniak-Magnesia.

Vgl. das folgende Titaneisen.

Titaneisen, (Menakan, Ilmenit, Hystatit, Kibdelophan,
Iserin etc.) $\overset{..}{Fe}$, $\overset{..}{Ti}$ in versch. Verh.; rhomboëdr.; eisenschwarz-stahlgrau; Strich schwarz; wirkt auf die Magnet-
nadel, ist aber von den vorhergehenden leicht zu unterscheiden, indem man das feine Pulver mit konzentr. Salzsäure kocht, filtriert und das Filtrat mit Stanniol kocht,
wobei die Flüssigkeit allmählich eine schöne blaue oder
violette Farbe annimmt, welche beim Verdünnen rosenrot wird.

Man kann das Pulver von Titaneisen auch zuerst mit konzentr.
Schwefels. kochen und diese abrauchen, dann den Rückstand mit
kozentr. Salzs. kochen und Stanniol zufügen. Das Mineral wird so
leichter gelöst. Zuweilen geht die salzsaure, mit Stanniol gekochte
Flüssigkeit bräunlich durchs Filtrum, man hat sie dann unter
Zusatz von konzentr. Salzsäure noch einmal mit Stanniol zu
kochen, um sie violett und beim Verdünnen rosenrot zu erhalten.

Vgl. Rutil und Arkansit, welche durch Beimengung von
Titaneisen auch öfters magnetisch sind. Sie werden von Salzsäure nur sehr wenig angegriffen.

Limonit (Brauneisenerz) in manchen Var. von metallähnlichem Glanze unterscheidet sich leicht von den vorhergehenden durch die ockergelbe Farbe des Striches.

Vgl. auch Göthit.

Vgl. auch *Siderit*, in Salzs. in der Wärme mit Brausen löslich. — Auch mancher Graphit wird nach dem Glühen magnetisch.

Mancher eisenhaltige *Sphalerit* (Zinkblende) mit metallähnlichem Glanze wird leicht erkannt, indem er, mit Eisenpulver gemengt, mit Salzsäure Schwefelwasserstoff entwickelt.

Vgl. auch die folgende Abteilung.

3. An die vorhergehenden schliessen sich an:

Chromit (Chromeisenerz) $\ddot{F}e(\dot{M}g)\ddot{G}r(\ddot{A}l)$; reg.; H.5.5; G.4.4-4.8; eisenschwarz, pechschwarz; Strich gelblichbraun: in manchen Var. stark magnetisch, in manchen aber beinahe gar nicht. Er wird von Salzsäure nur wenig angegriffen, mit Phosphorsäure eingedampft gibt er eine smaragdgrüne Lösg.; mancher enthält Manganoxyd und gibt dann eine violette Lösung, beim Schütteln mit Krystallen von Eisenvitriol verschwindet aber diese Farbe (des Manganoxyds) und kommt die grüne des Chromoxyds zum Vorschein. — V. d. L. für sich unveränderlich; von Borax und Phosphorsalz wird er langsam und vollkommen aufgelöst. Die Gläser zeigen nach dem Erkalten schöne smaragdgrüne Farbe.

Mancher *Kassiterit* ist metallähnlich glänzend. Wird v. d. L. auf Kohle mit Cyankalium leicht zu Zinn reduziert.

Molybdänit (Molybdänglanz) $\dot{M}o$; hexagon.?; spaltb. bas.; H.1-1.5; G.4.6-4.9; rötlich bleigrau. *Graphit* C; monosym.; spaltb. bas.; H.0.5-1; G.1.9-2.3; eisenschwarz-stahlgrau. V. d. L. färbt der Molybdänit in der Pincette die Flamme licht grün und gibt mit Soda Hepar. Mit etwas Salpeter im Platinlöffel erhitzt, detoniert er lebhaft mit Feuererscheinung. Kocht man den Löffel mit der verpufften Masse mit Salzsäure, so erhält man bei stark verdünnter Lösung beim Umrühren mit Stanniol eine blaue Flüssigkeit. Graphit zeigt kein ähnliches Verhalten. Mancher verpufft mit Salpeter, doch nicht lebhaft. Nach dem

Verpuffen gibt die mit Wasser behandelte Masse eine
alkalisch reagierende Flüssigkeit, welche auf Zusatz von
Salzsäure braust. Wenn man ein Stückchen Graphit
mit einer Zinkkluppe fasst und in eine Aufl. von Kupfervitriol taucht, so wird es fast sogleich mit Kupfer überzogen, beim Molybdänit geschieht dieses nur sehr langsam.

Arkansit Ti; rhomb.; (vgl. Brookit) eisenschwarz; ***Perowskit*** Ca₄₁ Ti₆₉; reg.; spaltb. hexaëdr.; H.₅.₅; G.₄-₄.₁;
eisenschwarz-grau (und mancher Rutil mit metallähnl.
Glanze). Wenn sie fein pulverisiert mit Kalihydrat zusammengeschmolzen und dann mit Salzsäure behandelt
werden, so nimmt die Aufl. beim Kochen mit Stanniol
allmählich eine blaue Farbe an, die sich bei einigem
Verdünnen ins Violette oder Rosenrote ändert, aber nicht
bleicht.

Iridosmin (Newjanskit und Sysserskitt), Ir, Os; rhomboëdr.;
H.₇; G.₁₉.₃₈-₁₉.₄₇ (Newjanskit), ₂₁.₁-₂₁.₂ (Sysserkit);
zinnweiss-bleigrau. V. d. L. wird es weder von Borax
noch von Phosphorsalz merklich angegriffen. In Salpetersalzs. unaufl. Mit der Zinkkluppe in Kupfervitriol getaucht, sogleich mit Kupfer überzogen.

Tantalit, Fe, T̈a, N̈b; rhomb.; H.₆-₆.₅; G.₆.₃-₈; ***Niobit***,
Fe, N̈b, T̈a; rhomb.; H.₆; G.₅.₃₇-₆.₃₉ und ***Yttrotantalit****),
Ẏ, Ċa, Ḟe, Ėr, Ċe, U̇, T̈, Ẅ; rhomb.; H.₅-₅.₆; G.₅.₃₉-₅.₆₇.
Sie enthalten noch häufig Sp. von Wolframsäure und
Zinnsäure. Von Säuren werden sie nur wenig ange-
griffen. V. d. L. ist der Tantalit und Niobit für sich
unveränderlich, Yttrotantalit verändert seine Farbe so-
gleich ins Gelbliche oder Weisse.

---

*) In der Mischung nahe stehend ist der ***Fergusonit*** Ẏ, Ėr, Ḟe, Ċe, Ċa,
N̈b, T̈₂; tetragon. pyram. hem.; H.₅.₅-₆; G.₅.₈-₅.₉. Wahrscheinlich gibt
es mehrere Spezies von Yttrotantalit; mancher zeigt keinen metallähnlichen Glanz.

Wird das Pulver von Tantalit (v. Kimito) und von
Niobit (aus Bayern) mit Kalihydrat im Silbertiegel geschmolzen, mit Wasser ausgelaugt und filtriert, so gibt
die Lösung mit Salzsäure neutralisiert ein Präc. (die
Metallsäure), welches mit verdünnter Schwefels. zum
Kochen erhitzt, weiss wird; auf Zusatz von Zink färbt
sich das Präc. von Niobit in der heissen Flüssigkeit tief
smalteblau und behält diese Farbe bei Zusatz von Wasser
ziemlich lang; das Präc. von Tantalit färbt sich dabei
merklich weniger und verliert die Farbe durch Wasser
schnell.

Aehnlich dem Niobit verhält sich der *Dianit *) (die
analoge niobsaure Verbindung, welche keine oder nur
wenig Tantalsäure enthält), unterscheidet sich aber leicht,
wenn man das obige Präcipitat mit einer hinreichenden
Menge rauchender Salzsäure und Stanniol einige Minuten
kocht und dann ein gleiches Volum Wasser zusetzt. Dabei löst sich die Niobsäure des Dianit zu einer klaren,
sapphirblauen Flüssigkeit, während die Säure des Nio-
bits und ebenso die des Tantalits ungelöst bleibt und die
Flüssigkeit farblos filtriert. Die Farbe dieser Min. ist
eisenschwarz, das Pulver von Yttrotantalit graulich, vom
Dianit grauschwarz, auch rötlichbraun, von Niobit
bräunlichschwarz, vom Tantalit braun.

Vgl. *Polykras und *Aeschynit.

Nasturan (Uranpecherz) meistens fettglänzend und pechschwarz ist in Salpeters. grösstenteils zu einer gelben
Flüssigkeit aufl., worin Ammoniak ein schwefelgelbes
Präc. hervorbringt. Mit Phosphorsäure eingekocht, gibt
es eine smaragdgrüne Lösung.

---

*) v. Kobell glaubt den Namen Dianit für die Tantal-freien oder
sehr wenig Tantal enthaltenden Verbindungen dieser Art beibehalten
zu dürfen, um sie von dem ursprünglichen Niobit Rose's, dessen Säure
40 pCt. Tantalsäure enthält, zu unterscheiden.

II. Mineralien ohne Metallglanz.

A. Vor dem Löthrohre leicht verflüchtigend oder verbrennend.

Schwefel S; rhomb.; H. 1.5-2.5; G. 1.9-2.1; schwefelgelb, honiggelb, durch Einmengungen auch graulich und bräunlich. Brennt am Lichte erhitzt mit blauer Flamme und verbreitet starken Geruch von schwefliger Säure.

Realgar A̋s; monosym.; spaltb. bas. und klinodiagon.; morgenrot und *Auripigment* A̋s; rhomb.; spaltb. brachydiagon.; zitrongelb; beide H. 1.5-2; G. 3.4-3.6 schmelzen sehr leicht und verflüchtigen sich unter starkem Arsengeruch. *) Wird das Pulver mit Kalilauge geschüttelt, so fällt Salzs. bei Auripigment aus der Lauge zitrongelbe Flocken. Realgar muss mit der Kalilauge erwärmt werden, das Pulver färbt sich braun und im Filtrat erhält man mit Salzs. die zitrongelben Flocken. In Kalilauge sind sie ganz oder grösstenteils aufl. Salzsäure fällt aus der Aufl. zitrongelbe Flocken.

Arsenit (Arsenikblüte) As; reg.; spaltb. octaëdr.; H. 1.5; G. 3.69-3.72; farblos, weiss. V. d. L. mit Soda auf der Kohle Arsengeruch entwickelnd. Im Kolben als krystallinischer Beschlag sublimierend.

Valentinit (Antimonoxyd) S̋b; rhomb. (reg. = *Senarmontit*); spaltb. nach dem Brachypinakoid; H. 2.5-3; G. 5.6; grau,

---

*) Wenn man eine kleine Probe in Kupferfolie gut einwickelt, in eine Glasröhre schiebt und mit der Löthrohrflamme erhitzt, so erhält man neben einem Sublimat von Schwefelarsen auch einen Spiegel von met. Arsen. Bricht man dann die Röhre in der Nähe des Spiegels ab und erhitzt diesen, so erhält man deutlicher den knoblauchartigen Geruch des Arsenrauches, als bei dem unmittelbaren Schmelzen obiger Schwefelverbindungen.

weiss und *Pyrostibit* (Antimonblende) $\ddot{Sb}_{70}\ddot{Sb}_{30}$; monosym.; spaltb. in der Längsrichtung der Nadeln; H. 1-1.5;
G. 4.5-4.6; kirschrot; schmelzen sehr leicht und verdampfen,
indem sie die Kohle mit weissem Rauch beschlagen. Sie
sind in Wasser unaufl. Valentinit ist in Salzsäure leicht
und ohne Gasentwicklung aufl. Pyrostibit löst sich
grösstenteils unter Entwicklung von Schwefelwasserstoffgas auf. Das Pulver von Valentinit verändert mit Kalilauge seine Farbe nicht, das von Pyrostibit wird schnell
ockergelb gefärbt.

Salmiak NH^4 Cl; reg.; H. 1.5-2; G. 1.5-1.6 und *Mascagnin*
$NH^3\ddot{S} + \dot{H}$; rhomb.; spaltb. brachydiagon.; H. 2-2.5;
G. 1.7-1.8; verflüchtigen mit starkem Rauch; Salmiak ohne
zu schmelzen, Mascagnin leicht schmelzend und schäumend.
Sie sind in Wasser leicht aufl. Die Aufl. von Salmiak
gibt mit Chlorbaryum kein, die von Mascagnin ein starkes
Präc. von schwefelsauerm Baryt. Beide entwickeln, mit
Kalilauge übergossen, ammoniakalischen Geruch. Ihre
Farbe ist weiss.

Zinnober Hg; von rotem Striche. Wird das Pulver mit
Eisenpulver zusammengerieben und in Kupferfolie ge-
wickelt im Glasrohre v. d. L. erhitzt, so erhält man met.
Quecksilber, der Rückstand entwickelt mit Salzsäure
Schwefelwasserstoff. — *Kalomel* (Chlorquecksilber) HgCl;
tetragon.; spaltb. prismat.; H. 1-2; G. 6.4-6.5; gibt mit
Soda wie der vorige behandelt ebenfalls Quecksilber.
Sein Pulver ist weiss und wird durch Kalilauge sogleich
schwarz gefärbt (zu Quecksilberoxydul umgewandelt).
Die mit Salpeters. angesäuerte Lauge gibt mit Silber-
lösung starkes Präc. von Chlorsilber.

Chlorblei (Cotunnit) Pb Cl; rhomb.; H. 2; G. 5.24; z. T.
flüchtig, beschlägt die Kohle grünlichgelb und gibt mit
Soda Bleikugeln.

S. die fossilen Kohlen im Anhang.

B. Schmelzbar von 1—5 und nicht oder nur zum Teil flüchtig.

I. V. d. L. mit Soda auf der Kohle behandelt ein Metallkorn gebend, oder eine auf die Magnetnadel wirkende Perle.*)

1. **Es geben vor dem Löthrohre, nach vorhergegangenem Rösten, mit Soda ein Silberkorn.**

(Es ist gut, das Korn noch einmal mit Borax zu schmelzen, um das Silber ganz rein und geschmeidig zu erhalten.)

Proustit (Arsensilberblende) Ag 65 As 15 S 29; H. 2.5; G. 5.5-5.6; cochenill-karmesinrot und *Pyrargyrit* (Antimonsilberblende) Ag 60 Sb 22 S 18; H. 2-2.5; G. 6.75-5.85; karmesinrot-schwärzlichbleigrau; beide rhomboëdr. mit rhomboëdr. Spaltb. unterscheiden sich von den folgenden schon durch die rote Farbe des Striches. V. d. L. entwickelt Proustit starken Arsengeruch. Pyrargyrit beschlägt die Kohle mit Antimonrauch. Mit Kalilauge wird das Pulver von beiden beim Erwärmen sogleich schwarz gefärbt und durch längeres Kochen z. T. zersetzt. Die mit Salzs. neutralierte Lauge fällt bei Proustit zitrongelbe Flocken von Schwefelarsen, bei Pyrargyrit orangefarbene von Schwefelantimon. Dem Proustit ähnlich verhält sich der *Xanthokon* Ag 64 As 15 S 21; rhomboëdr.; spaltb. rhomboëdr. und bas.; H. 2-2.5; G. 5-5.2; welcher durch seine pomeranzengelbe Farbe und ebensolchen Strich leicht zu unterscheiden.

Vgl. *Miargyrit, welcher dem Pyrargyrit zuweilen sehr ähnlich.

---

*) Alle nichtmetallisch glänzenden Mineralien, welche v. d. L. Arsengeruch verbreiten, gehören, den Pharmakolith ausgenommen, hieher.

Kerargyrit (Chlorsilber) Ag Cl; reg.; H. 1–1.5; G. 5.58–5.60; *Jodit* (Jodsilber) Ag J; hexagon.; H. 1–1.5; G. 5.71 und *Embolit*, Ag, Br, Cl; reg.; G. 5.79–5.8; sind geschmeidig und lassen sich platt schlagen. In einer an einem Ende geschlossenen Glasröhre mit Krystallen von saurem schwefels. Kali geschmolzen, geben sie folgende Erscheinungen: die im Flusse schwimmende Perle von Jodsilber ist heiss ganz dunkel, fast schwarz und wird erst bei allmähligem Erkalten pyroprot, die Perle von Chlorsilber hat heiss eine hyazinth-rotgelbe, wenig intensive Farbe, die vom Bromsilber ist heiss intensiv pyroprot. Beim Erkalten gehen diese Farben bei allen in orange- und schwefelgelb über. In einem kleinen Cylinderglas mit gefeiltem Zink gemengt und mit sehr verdünnter Schwefels. einige Zeit in Berührung, nehmen diese Silberverbindungen eine schwärzliche Farbe an. Giesst man die Lösung ab und etwas Stärkelösung zu und weiter einige Tropfen (mit etwas konz. Salzs. versetzte) Chamäleonlösung, so nimmt die Flüssigkeit von Jodit eine blaue oder blauschwarze Farbe an, die von Embolit wird gelb, die von Kerargyrit nimmt keine Farbe an. Wird obige Lösung von Embolit (ohne Stärkelösung) mit etwas der mit Salzs. versetzten Chamäleonlösung und dann mit Aether gemischt und fleissig umgerührt, so nimmt die Aetherschichte eine gelbe Farbe an, während die Flüssigkeit unter ihr farblos ist. Dieses Verhalten ist für Brom charakteristisch, wenn man sich vorher überzeugt hat, dass kein Jod vorhanden, weil dieses ähnliche Reaktion gibt, von Chlor entsteht aber unter diesen Verhältnissen keine Färbung des Aethers.

Selbit (Kohlensaures Silberoxyd) Ag C̈ ist in Salpetersäure leicht und mit Brausen auflöslich, Farbe aschgrau in's Schwarze (auf dem Striche metallisch glänzend.)

2. Es geben vor dem Löthrohre mit Soda ein Bleikorn.

Von den hieher gehörenden Verbindungen gibt die salpeters. Lösung mit Schwefelsäure ein starkes Präc. von schwefels. Bleioxyd. Mit Kalilauge gekocht erhält man eine Lösung, welche mit chromsaurem Kali entweder unmittelbar oder auf Zusatz von Essigsäure einen orangefarbenen oder gelben Niederschlag hervorbringt.

Bindheimit (Bleiniere) $\overset{\cdot}{Pb}_{41-61}\overset{\cdots}{Sb}_{32-71}\overset{\cdot\cdot}{H}_{6-12}$ (wahrscheinlich Gemenge) und *Nadorit*, $\overset{\cdots}{Sb}$, $\overset{\cdot}{Pb}$, $\overset{\cdot}{Pb}$, $\overset{\cdot}{Cl}$; rhomb.; H.s; G.7.02: geben v. d. L. auf Kohle Blei- und Antimonbeschlag, Bindheimit im Kolben Wasser. Nadorit, einem Fluss von Phosphorsalz und Kupferoxyd zugeschmolzen färbt die Löthrohrflamme blau (v. Chlorkupfer).

Mimetesit $\overset{\cdots}{As}_{23}\overset{\cdot}{Pb}_{67}\overset{\cdot}{Cl}_{2}Pb_{7}$; hexagon.; spaltb. pyramid.; H.s.5-4; G.7.19-7.25: gelblich-, bläulichgrün. V. d. L. auf Kohle wird er mit Entwicklung von starkem Arsenrauch reduziert. In der Pincette, in der äussern Flamme geschmolzen, krystallisieren manche Varietäten, wie Pyromorphit. — Diesem Mineral sehr nahestehend ist der *Hedyphan* $\overset{\cdots}{As}_{29}\overset{\cdot}{Pb}_{67}\overset{\cdots}{P}_{5}\overset{\cdot}{Ca}_{11}\overset{\cdot}{Cl}_{2}$ (in einer Var. auch Ba); monosym.; H.s.5-4; G.5.4-5.5. Er entwickelt v. d. L. auf Kohle Arsenrauch und reagiert wie der folgende Pyromorphit auf Phosphorsäure.

Pyromorphit $\overset{\cdots}{P}_{16}\overset{\cdot}{Pb}_{74}\overset{\cdot}{Cl}_{2}Pb_{8}$; hexagon.; H.s.5-4; G.6.9-7; grün, braun, weiss wird v. d. L. auf Kohle für sich nicht reduziert und schmilzt zu einer beim Erkalten öfters deutlich krystallisierenden Perle. Die salpeters. Lösung gibt mit molybdäns. Ammoniak beim Kochen ein ockergelbesPräc. (phospho-molybdänsaures Ammoniak).

Mennige $\overset{\cdot}{Pb}$; H.s-3; G.4.8; *Krokoit* (Rotbleierz) $\overset{\cdot}{Pb}_{69}\overset{\cdots}{Cr}_{31}$; monosym.; spaltb. prismat.; H.2.5-3; G.5.9-6; *Phönicit* $\overset{\cdot}{Pb}_{77}\overset{\cdots}{Cr}_{23}$; rhomb.; H.3-3.5; G.5.75 und *Dechenit*

$\dot{P}b_{55}\ddot{V}_{45}$ mit Sp. von $\dot{Z}n$; rhomb.; H. $_{3.5}$; G. $_{5.81-5.83}$.
Strichpulver der ersten drei pomeranzgelb, das von Phöni-
cit ziegelrot. Krokoit, Phönicit und Dechenit erteilen
v. d. L. dem Boraxglase in geringer Menge zugesetzt
eine smaragdgrüne Farbe, welche beim Dechenit im
Oxydationsfeuer allmählig licht olivengrün, dann gelb
wird und sich bleicht. Sie sind in Salzs. ohne Brausen
mit Ausscheidung von Chlorblei zu einer smaragdgrünen
Flüssigkeit auflöslich*), welche bei Zusatz von Weingeist
konzentriert und von dem sich ausscheidenden Chlorblei
abgegossen, beim Dechenit durch Zusatz von Wasser eine
himmelblaue Farbe annimmt, bei den übrigen grün bleibt.
Krokoit gibt mit Phosphorsäure anfangs eine rotgelbe
Lösung, welche beim Konzentrieren smaragdgrün wird und
dann beim Verdünnen mit Wasser diese Farbe behält,
Dechenit gibt ebenso behandelt keine grüne, sondern
eine gelbliche Lösung. Mennige gibt mit Borax ein
gelbes, beim Abkühlen sich entfärbendes Glas und erteilt
der Salzsäure keine Farbe.

Linarit $\dot{P}b_{56}\dot{C}u_{20}\ddot{S}_{20}\dot{H}_{4}$; monosym.; spaltb. orthodiagon.;
H. $_{2.5-3}$; G. $_{5.3-5.45}$ ist durch seine lasurblaue Farbe
charakterisiert. Wird von Salpeters. bei anfangendem
Erwärmen unter Ausscheidung von schwefels. Bleioxyd
entfärbt.

Cerussit (Bleicarbonat, Weissbleierz) $\dot{P}b_{84}\ddot{C}_{16}$; rhomb.;
spaltb. prismat. und brachydomat.; H. $_{3-3.5}$; G. $_{6.4-6.6}$
und *Kerasin* (Hornbleierz, Phosgenit) $\dot{P}b\ddot{C}_{49}$ Pb Cl $_{51}$;
tetragon.; H. $_{2.6-3}$; G. $_{6-6.3}$ lösen sich in erwärmter
Salpeters. mit Brausen auf, *Lanarkit* $\dot{P}b_{85}\ddot{S}_{16}$; monosym.; spaltb. bas.; H. $_{2-2.5}$; G. $_{6.8-7}$; nur unvollkommen
und ohne Brausen. Die Aufl. von Kerasin gibt mit

---

*) Bei hinreichender Menge von Salzsäure und hinlänglichem
Kochen.

salpeters. Silberaufl. ein starkes Präc. von Chlorsilber,
die von Lanarkit mit salpeters. Baryt ein Präc. von
schwefels. Baryt, die von Cerussit mit diesen Reagentien
kein Präc. — Farbe weiss, gelblich, graulich etc. Dem
Lanarkit ähnlich verhält sich der *Leadhillit* $\dot{P}b_{82}\ddot{C}_8$
$\ddot{S}_8\dot{H}_2$; monosym.; spaltb. bas.; H.$_{2.5}$; G.$_{6.26-6.55}$; von
gleicher Mischung, aber rhomboëdr. ist der *Susannit*.
Mendipit Pb $\Theta l_{88}\dot{P}b_{62}$; rhomb.; spaltb. prismat.; H.$_{2.5-3}$;
G.$_{7-7.1}$; farblos, weiss ist in Salpeters. leicht und ohne
Brausen aufl.. Die Aufl. gibt mit Silberaufl. ein starkes
Präc. — Aehnlich verhält sich der *Matlockit* Pb Θl_{56}
$\dot{P}b_{44}$; tetragon.

Anglesit (Bleivitriol) $\dot{P}b_{74}\ddot{S}_{26}$; rhomb.; H.$_3$; G.$_{6.29-6.35}$
ist nur schwer in Salpeters. auflösl. Gibt v. d. L. mit
Soda Hepar und reduziert sich.

Wulfenit (Molybdaenbleispath) $\dot{P}b_{61}\ddot{Mo}_{39}$; tetragon. pyram.
hemiëdr.; spaltb. pyramid.; H.$_3$; G.$_{6.3-6.9}$; wachs-, honig-,
pomeranzgelb. Mit Salzs. gekocht und die Lösung stark
verdünnt, erhält diese beim Umrühren mit einem Stanniol-
blech eine blaue Farbe. Mit konzentr. Phosphors. gekocht
gibt er eine blass grünliche Lösung, welche, mit dem
4 fachen Volum Wasser verdünnt, sich zuweilen trübt.
Schüttelt man diese Flüssigkeit mit sehr wenig Eisenpulver, so färbt sie sich blau, bei grösserer Menge von
Eisen aber olivengrün (in gewöhnlicher Temperatur).
Erhitzt man das Pulver in einer Porzellanschale mit
konzentr. Schwefels. und setzt dann Weingeist zu, so
färbt sich beim Erkalten die Flüssigkeit, besonders an
den Wänden der Schale schön lasurblau.

Stolzit (Scheelbleispath) $\dot{P}b_{49}\ddot{W}_{51}$; tetragon. pyram. hemiëdr.; H.$_3$; G.$_{7.9-8.1}$; gelblich, gelblichbraun. Mit Phosphorsäure wie der vorige behandelt, trübt sich die Lösung
beim Verdünnen nicht, mit Eisenpulver färbt sich die
verdünnte Lösung. aber erst beim Erwärmen, sehr schön

blau und ändert bei grösserem Eisenzusatz diese Farbe
nicht. Von Schwefels. wird das Pulver schön zitrongelb gefärbt. Die Säure nimmt keine Farbe an.

* *Vauquelinit* $\dot{P}b_{61}\,\dot{C}u_{11}\,\ddot{C}r_{28}$; monosym.; H.$_{2.5-3}$; G.$_{5.5-5.8}$;
schwärzlichgrün-olivengrün;* *Vanadinit* $\dot{P}b_{71}\,\ddot{V}_{19}\,Pb_{7}\,Cl_{3}$;
hexagon.; H.$_{3}$; G.$_{6.8-7.2}$; gelblich, braun und * *Eusynchit*
$\dot{P}b_{57}\,\dot{Z}n_{16}\,\ddot{V}_{27}$; H.$_{3.5}$; G.$_{5.27-5.59}$; gelbrot - ockergelb
erteilen v. d. L. dem Boraxglase im Reduktionsfeuer eine
smaragdgrüne Farbe, die beim Vauquelinit auch im
Oxydationsfeuer grün bleibt, bei den andern aber gelb
wird. In Salpeters. sind sie auflöslich. Die Aufl. von
Vauquelinit ist grün, die von Vanadinit und Eusynchit
gelb oder farblos. Die Lösungen von Vauquelinit und
Eusynchit geben mit salpeters. Silberlösung kein Präc.,
die von Vanadinit gibt ein Präc. oder eine Trübung.
Alle drei Spezies geben mit konzentr. Salzs. bei Zusatz
von Weingeist eine smaragdgrüne Auflösung, welche,
zum Ausscheiden von Chlorblei konzentriert, auf Zusatz
von Wasser bei Vanadinit und Eusynchit eine himmelblaue Farbe annimmt, bei Vauquelinit aber grün bleibt.

* *Descloizit* $\dot{P}b_{56}\,\dot{Z}n_{17}\,\ddot{V}_{23}\,\dot{H}_{2}\,\dot{M}n_{1}$; rhomb.

Vgl. Bleigummi.

Dem Vauquelinit sehr nahe steht der * *Laxmannit*
$\dot{P}b_{62}\,\dot{C}u_{12}\,\ddot{C}r_{16}\,\ddot{P}_{8}\,\ddot{F}e_{1}$; seine salpeters. Aufl. reagiert
auf Phosphorsäure und gibt, mit molybdäns. Ammoniak
erwärmt, ein gelbes Präcipitat.

3. **Es erteilen, mit Salzsäure befeuchtet, der Lötrohrflamme
eine schöne blaue Färbung und geben mit Salpetersäure
eine himmelblaue oder auch grüne Auflösung, welche
sich bei Zusatz von Ammoniak in Ueberschuss lasurblau färbt.**

Die hieher gehörenden Kupferoxydverbindungen werden
durch Kochen mit Kalilauge grösstenteils so zersetzt, dass
sie ihre Säure an das Kali abgeben.

a. Es entwickeln v. d. L. starken Arsengeruch (die meisten geben für sich ein weisses sprödes Metallkorn von Arsenkupfer). Sind von grüner Farbe.

Chenevixit $\dot{C}u_{23} \ddot{A}s_{34} \ddot{F}e_{28} \dot{H}_{12}$ (und s pCt. Sand); H. $_{4.5}$. Schmilzt zu einer schwarzen magnetischen Schlacke, die folgenden geben kein magnetisches Schmelzprodukt.

Bayldonit $\dot{C}u_{31} \ddot{A}s_{32} \dot{P}b_{30} \dot{H}_{5}$ ($\dot{F}e$, $\dot{C}a$ und Verlust $_{2,65}$ pCt.); H. $_{4.5}$; G. $_{5.35}$. Die salpeters. Lösung gibt mit Schwefelsäure ein Präc. von schwefels. Bleioxyd.

Olivenit $\dot{C}u_{56} \ddot{A}s_{41} \dot{H}_{3}$; rhomb.; H. $_{3}$; G. $_{4.2-4.6}$; olivengrün, lauch-schwärzlichgrün. V. d. L. in der Pincette geschmolzen krystallisiert er beim Abkühlen als eine strahlige Masse von schwärzlicher Farbe, deren Oberfläche mit prismatischen Krystallen netzförmig bedeckt ist. Gibt im Kolben nur wenig Wasser. Ein ähnliches Mineral ist der *Abichit* (Klinoklas, Strahlerz) $\dot{C}u_{63} \ddot{A}s_{30} \dot{H}_{7}$; monosym.; spaltb. bas.; H. $_{2.5-3}$; G. $_{4.2-4.4}$.

Tirolit (Kupferschaum) $\dot{C}u_{60} \ddot{A}s_{29} \dot{H}_{21}$ (die Analyse ergab: $\dot{C}u_{44} \ddot{A}s_{25} \dot{H}_{17} \dot{C}a \ddot{C}_{14}$); in einer Richtg. spaltb.; H. $_{1.5-2}$; G. $_{3-3.1}$; apfel-, spangrün und *Chalkophyllit* (Kupferglimmer) $\dot{C}u_{44-53} \ddot{A}s_{16-21} \ddot{A}l_{2-6} \dot{H}_{23-32}$; rhomboëdr.; spaltb. bas.; H. $_{2}$; G. $_{2.4-2.6}$; smaragdgrün in's Spangrüne verknistern v. d. L. sehr heftig und geben im Kolben viel Wasser. Chalkophyllit ist in Ammoniak ohne Rückstand, Tirolit mit Ausscheidung von kohlensauerm Kalk auflöslich. Hier schliesst sich an der *Konichalcit* $\dot{C}u_{32} \dot{C}a_{21} \ddot{A}s_{31} \ddot{P}_{9} V_{2} \dot{H}_{6}$; H. $_{4.5}$; G. $_{4.12}$, welcher dicht vorkommt, mit splittrigem Bruch. Die geschmolzene Probe reagiert alkalisch.

Lirokonit (Linsenerz) $\dot{C}u_{37-39} \ddot{A}s_{23} \ddot{A}l_{9-11} \dot{H}_{25-26}$; monosym.; H. $_{2-2.5}$; G. $_{2.33-2.93}$; himmelblau, spangrün. V. d. L. verknistert er nicht und nimmt, gelinde erhitzt, eine

schöne smalteblaue Farbe an. In Ammoniak ist er mit
Ausscheidung weisser Flocken auflöslich. Gibt im Kolben
viel Wasser.

Euchroit $\dot{C}u_{47}\ddot{A}s_{34}\ddot{H}_{19}$; rhomb.; H.$_{3.5-4}$; G.$_{3.3-3.4}$ und
Erinit $\dot{C}u_{60}\ddot{A}s_{36}\ddot{H}_5$; H.$_{4.5-5}$; G.$_{4-4.1}$; beide smaragdgrün unterscheiden sich vorzüglich durch den Gewichts-
verlust, welchen sie beim Glühen erleiden. Ein diesem ähn-
liches Mineral ist der *Cornwallit* $\dot{C}u_{55}\ddot{A}s_{30}\dddot{P}_2\ddot{H}_{13}$;
H.$_{4.5}$; G.$_{4.16}$; dunkelgrün.

b. Es entwickeln v. d. L. keinen Arsengeruch. Die meisten
geben für sich schon ein geschmeidiges Kupferkorn.

Atacamit $\dot{C}u_{50-56}Cu_{13-15}Cl_{15-18}\ddot{H}_{22-13}$; rhomb.; spaltb.
brachydiagon.; H.$_{3-3.5}$; G.$_{3.69-3.7}$; grün, lauch-schwärz-
lich-oliven-smaragdgrün. Färbt für sich schon, ohne
vorher mit Salzsäure befeuchtet worden zu sein, die
Lötrohrflamme oder eine Lichtflamme schön blau. Die
salpeters. Lösung fällt mit Silberlösung Chlorsilber. Nahe-
stehend der *Tallingit* $\dot{C}u_{54}Cu_{10}Cl_{11}\ddot{H}_{2.5}$; H.$_3$; hell-
blau nach grün und *Percylit* $Pb\,\Theta l, Cu\,\Theta l, \dot{P}b, \dot{C}u, \ddot{H}$;
reg.; himmelblau, welch' letzterer in der salpeters. Lösung
mit Schwefels. ein Präc. von schwefels. Bleioxyd gibt.
Der *Nantokit* $\dot{C}u_{64}Cl_{36}$; spaltb. montom; H.$_{2-2.5}$;
G.$_{3.93}$; in frischem Zustande weiss, ist wasserfreies Chlorkupfer und färbt die Lötrohrflamme blau, wie Atacamit.
Vgl. Atlasit.

Chalkanthit (Kupfervitriol) $\dot{C}u_{32}\ddot{S}_{32}\ddot{H}_{36}$; asym.; H.$_{2.5}$;
G.$_{2.2-2.3}$; himmelblau in Wasser aufl.; *Brochantit*
$\dot{C}u_{70}S_{18}\ddot{H}_{12}$; rhomb.; spaltb. brachydiagon.; H.$_{3.5-4}$;
G.$_{3.78-3.9}$; smaragdgrün und *Covellin* (Kupferindig) Cu_{66}
S_{34}; hexagon.; spaltb. bas.; H.$_{1.5-2}$; G.$_{3.8-3.85}$; indigo-
blau-schwarz, letztere beiden in Wasser unaufl. aber lösl.
in Salpeters. und mit salpeters. Baryt Präc. von schwefels.
Baryt gebend, geben v. d. L. mit Soda Hepar, was bei

den folgenden nicht stattfindet. Covellin brennt im Oxydationsfeuer und entwickelt den Geruch von schwefliger
Säure, Brochantit zeigt dieses Verhalten nicht. Dem
Brochantit ähnlich verhält sich der *Langit* Ċu $_{68}$ S̈ $_{17}$ Ḣ $_{15}$;
rhomb.; spaltb. bas. und brachydiagon.; H. $_{2.5}$; grünlichblau. Dem Langit nahestehend der *Herrengrundit* (Ur-
völgyit) Ċu $_{57}$ S̈ $_{23}$ Ḣ $_{19}$, $_2$ pCt. Gyps werden als mechan.
beigemengt betrachtet; monosym.; spaltb. bas. und pris-
mat.; H. $_{2.5}$; dunkelsmaragd-, spangrün. *Pisanit* ist ein
kupferhaltiger Eisenvitriol. Die salpeters. Lösung gibt
mit Ammoniak in Ueberschuss ein rotbraunes Präc. und
blaue Flüssigkeit.

Cuprit (Rotkupfererz) Ċu; reg.; spaltb. octaëdr.; H. $_{3.5-4}$;
G. $_{5.7-6}$; cochenillrot und *Tenorit* (Melaconit) Ċu; monosym. (?); dunkel stahlgrau, in dünnen Blättchen braun
durchscheinend *) sind in Säuren leicht und ruhig aufl.
Die konzentr. salzs. Aufl. von Cuprit gibt mit Wasser
verdünnt ein weisses Präc. (Kupferchlorür), mit Kalilauge ein ockergelbes. Die ähnliche von Tenorit gibt
mit Wasser keinen, mit Kalilauge einen bläulichen
Niederschlag.

*Malachit***) Ċu $_{72}$ C̈ $_{20}$ Ḣ $_8$; monosym.; spaltb. bas. und klinodiagon.; H. $_{3.5-4}$; G. $_{3.7-4.1}$; grün und *Azurit* (Kupferlasur)
Ċu $_{69}$ C̈ $_{26}$ Ḣ $_5$; monosym.; spaltb. klinodomat.; H. $_{3.5-4}$;
G. $_{3.7-3.8}$; lasurblau lösen sich in Salpetersäure mit
Brausen, unter Entwicklung von Kohlensäure auf. Sie
geben v. d. L. im Kolben viel Wasser. — *Aurichalcit*
Żn $_{46}$ Ċu $_{23}$ C̈ $_{16}$ Ḣ $_{10}$ und *Buratit*, kalkhaltiger Aurichalcit,
verhalten sich wie zinkhaltiger Malachit und geben v. d. L.
auf Kohle einen Zinkbeschlag. — *Atlasit*, Malachit mit

---

*) *Kupferschwärze* ist wahrscheinlich nur ein Gemenge von
wasserhaltigem Eisen-, Kupfer- und Manganoxyd.

**) *Mysorin* wohl ein verunreinigter wasserfreier (?) Malachit.

s pCt. Chlorkupfer verhält sich wie Malachit, die salpeters. Lösung gibt aber mit Silberlösung ein Präc. von Chlorsilber.

Libethenit $\dot{C}u_{66} \overset{...}{\ddot{P}}_{80} \ddot{H}_4$; rhomb.; H.4. G.3.6-3.8; oliven-, schwärzlichgrün und *Lunnit* (Phosphorchalcit) $\dot{C}u_{71}\overset{...}{\ddot{P}}_{21} \ddot{H}_8$: monosym.; H.5; G.4.1-4.3; schwärzlich-, spangrün sind in Salpeters. leicht und ruhig aufl., die Aufl. gibt, mit molybdäns. Ammoniak erwärmt, ein gelbes Präcipitat.

Aehnlich verhalten sich der *Ehlit* $\dot{C}u_{67}\overset{...}{\ddot{P}}_{24} \ddot{H}_9$; rhomb.; spaltb. nach einer Richtung; H.1.5-2; G.3.8-4.27; und der *Tagilit* $\dot{C}u_{62} \overset{...}{\ddot{P}}_{28} \ddot{H}_{10}$; monosym.; H.3; G.4.07-4.08.

Chalkolith (Kupferuranit) $\overset{..}{\ddot{U}}_{81} \dot{C}u_8 \overset{...}{\ddot{P}}_{15} \dot{H}_{15}$; tetragon.; spaltb. bas.; H.2-2.5; G.3.5-3.6; smaragdgrün. Die salpeters. Aufl. hat eine gelblichgrüne Farbe und gibt mit Ammoniak in Ueberschuss ein bläulich-grünes Präc. und eine blaue Flüssigkeit. Wird die salpeters. Lösung mit molybdäns. Ammoniak erwärmt, so erhält man ein gelbes Präcipitat.

Volborthit, $\dot{C}u, \ddot{V}, \ddot{H}, \dot{C}a, \dot{B}a$; gelbgrün, schmilzt sehr leicht und gibt mit Soda ein Kupferkorn. Reibt man das Pulver mit Soda zusammen und erhitzt das Gemenge in einem Platintiegel bis zum Schmelzen, und kocht die Masse mit Wasser aus, so gibt die mit Salzsäure versetzte Lösung beim Einkochen eine smaragdgrüne Flüssigkeit, welche sich auf Zusatz von etwas Wasser licht himmelblau färbt.

4. Es erteilen v. d. L. dem Boraxglase eine schöne saphirblaue Farbe: (Verbreiten, auf Kohle geschmolzen, starken Arsengeruch).

Erythrin (Kobaltblüte) $\dot{C}o, \ddot{N}i_{38} \ddot{A}s_{38} \ddot{H}_{24}$; monosym.; spaltb. klinodiagon.; H.2.5; G.2.9-3; karmesin-, pfirsichblüt-, rosenrot. Färbt sich v. d. L. smalteblau. In Salzs. zur rosenroten Flüssigkeit aufl.

Annabergit (Nickelblüte) Ṅi, Ċo ₃₇Äs₃₉Ḧ₂₄; monosym.; H.₂-₂.₅; G.₃-₃.₁; apfel-, zeisiggrün. Die salzs. und salpeters. Aufl. hat eine grüne Farbe. Ammoniak gibt ein grünliches Präc., welches sich in Ueberschuss mit saphirblauer Farbe auflöst.

5. Es geben v. d. L. in der Pinzette oder auf Kohle im Reduktionsfeuer geschmolzen eine schwarze, die Magnetnadel irritierende Masse, ohne unter die vorhergehenden Abteilungen zu gehören:

(Um den Magnetismus zu beobachten, ist es gut, von den leichtflüssigen möglichst grosse Proben zu schmelzen und einige Zeit dem Reduktionsfeuer auszusetzen).

a) Es entwickeln beim Schmelzen auf Kohle starken Arsengeruch:

Pittizit (Arseneisensinter), Gemenge von wasserhaltigem arsensauren mit schwefels. Eisenoxyd. Opalartig, bräunlich, blutrot, weiss. **Pharmakosiderit* (Würfelerz) F̄e₄₀ Äs₄₃Ḧ₁₇; reg. tetraëdr. hemiëdr.; H.₂.₅; G.₂.₉-₃; grün, gelb, braun und *Skorodit* F̄e₃₅Äs₅₀Ḧ₁₅; rhomb.; spaltb. makrodiagon.; H.₃.₅-₄; G.₃.₁-₃.₂; grünlich, blau bis rot, schmelzen vor dem Lötrohr leicht zu einer magnetischen Perle. Mit Kalilauge wird das Pulver schnell rötlichbraun gefärbt.

*Arseniosiderit F̄e₃₉Äs₃₈Ċa₁₄Ḧ₉; H.₁-₂; G.₃.₈-₃.₉; faserig, seidenglänzend, bräunlichgelb.

*Pyromelin (Nickelvitriol) Ṅi₂₇S̈₂₈Ḧ₄₅, Sp. von Äs; rhomb.; H.₂; G.₂; licht bläulichgrün, in Wasser grösstenteils aufl., mit Ammoniak in Ueberschuss eine kornblaue Flüssigkeit gebend.

b) Es sind in Salzsäure ohne merklichen Rückstand auflöslich und ohne Gallerte zu bilden:

(Entwickeln v. d. L. keinen Arsengeruch).

Ludwigit $\dot{\overline{Fe}}_{39} \dot{Fe}_{18} \dot{Mg}_{27} \overline{B}_{15}$; faserig, stängelig; H. 5; G. 3.9-4.1; schwarzgrün-schwarz; mit Schwefels. erwärmt, erteilt er dem Weingeist die Eigenschaft, mit grüner Flamme zu brennen.

Rabdionit $\dot{Fe}_{45} \dot{Mn}_{18} \ddot{Al}_1 \dot{Cu}_{14} \dot{Mn}_8 \dot{Co}_8 \dot{H}_{14}$; G. 2.8; schwarz, Strich dunkelbraun, abfärbend. Gibt v. d. L. im Kolben Wasser und färbt das Boraxglas kobaltblau. In konzentr. Salzs. mit Chlorentwicklung lösl., in Phosphors. zur violetten Flüssigkeit. Vgl. p. 20.

Pettkoit $\dot{\overline{Fe}}_{45} \dot{Fe}_7 \ddot{S}_{45} \dot{H}_2$; schwarz, Strich schmutzig grünlich, gibt v. d. L. im Kolben sehr wenig Wasser, ist in Wasser lösl., mit Chlorbaryum wird schwefels. Baryt gefällt.

Melanterit (Eisenvitriol) $\dot{Fe}_{26} \ddot{S}_{29} \dot{H}_{45}$; monosym.; spaltb. bas.; H. 2; G. 1.8-1.9; grün und *Botryogen* $\dot{Fe}, \dot{\overline{Fe}}, \dot{Mg}, \ddot{S}, \dot{H}$; monosym.; spaltb. prismat.; H. 2-2.5; G. 2-2.1; hyazinthrot, Strich gelb. Blähen sich v. d. L. stark auf und schmelzen unvollkommen im Reduktionsfeuer zu einer magnetischen Schlacke. Sie sind im Wasser aufl., Melanterit vollkommen, Botryogen mit Hinterlassung eines gelben Rückstandes. Die Aufl. gibt mit Chlorbaryum starkes Präc. von schwefels. Baryt, mit Ammoniak ein grünliches Präc., welches sich bald an der Luft bräunlichrot färbt. Dem Botryogen ähnlich verhalten sich *Römerit* $\dot{\overline{Fe}}_{21} \dot{Fe}_7 \dot{Zn}_2 \ddot{S}_{42} \dot{H}_{28}$; monosym.; G. 2.15-2.18; gelbbraun; *Coquimbit* $\dot{\overline{Fe}}_{18} \ddot{S}_{43} \dot{H}_{29}$; hexagon.; H. 2-2.5; G. 2-2.1; farblos, bläulich, grünlich; *Jarosit* $\dot{\overline{Fe}}_{48} \dot{K}_9 \ddot{S}_{32} \dot{H}_{11}$; rhomboëdr.; spaltb. bas.; H. 3-4; G. 3.24-3.26; gelb-braun und *Fibroferrit* $\dot{\overline{Fe}}_{32} \ddot{S}_{32} \dot{H}_{36}$; feinfaserig; gelb. Diese Verbindungen werden als Pulver mit Kalilauge übergossen sogleich bräunlichrot, Melanterit anfangs grünlich, dann schwarz. Hieher gehören auch (ebenfalls von gelbem Pulver) der *Copiapit* $\dot{\overline{Fe}}_{34} \ddot{S}_{42} \dot{H}_{24}$; H. 1.5; G. 2.14; der *Raimondit* $\overline{F}_{47} \ddot{S}_{36} \dot{H}_{17}$; H. 3-3.25; G. 3.19-3.22; beide rhomb.; spaltb. bas.; *Pastreit*, von ähnlicher Zusammensetzg. wie der Jarosit, aber ohne Alkalien und *Karphosiderit* $\ddot{\overset{..}{Fe}}_{50} \overset{.}{S}_{31} \overset{.}{H}_{18}$; H. 4-4.5; G. 2.49-2.5;, welche in Wasser unlösl.

Ein ähnliches Sulphat ist der *Voltait* $\overset{..}{\overset{.}{Fe}}_{13} \overset{..}{Al}_5 \overset{.}{Fe}_{16}$ $\overset{.}{K}_4 \overset{.}{S}_{48} \overset{.}{H}_{15}$; reg.; H. 3; G. 2.79; dunkelgrün, schwarz; Strich grünlichgrau.

Alle diese Sulphate geben v. d. L. im Kolben viel Wasser.

Eisenspath $\overset{.}{Fe} \overset{..}{C}$, z. T. schwer schmelzbar, wird beim Glühen schwarz und magnetisch. Löst sich in erwärmter Salzs. mit Brausen auf. Vgl. Mesitinspath.

Die folgenden Verbindungen bis incl. Beraunit enthalten Phosphorsäure und ihre salpeters. Lösg., mit molybdäns. Ammoniak erwärmt, gibt ein gelbes Präc.

Hureaulit $\overset{.}{Mn}_{41} \overset{..}{\overset{.}{Fe}}_8 \overset{..}{P}_{39} \overset{.}{H}_{12}$; monosym.; H. 3.5; G. 3.18-3.2; rötlichgelb und *Triplit* (Zwieselit) $(\overset{.}{Fe}, \overset{.}{Mn})_{61-58} \overset{..}{P}_{32-34}$ F_{7-8}; monosym.?; spaltb. nach zwei zu einander senkrechten Richtungen; braunschwarz, nelkenbraun sind v. d. L. leicht schmelzbar und färben, mit Schwefels. befeuchtet, die Flamme schwach bläulichgrün. Von Borax werden sie im Oxydationsfeuer zu einem amethystfarbenen Glase aufgelöst. Hureaulit gibt im Kolben viel, Triplit wenig Wasser. Mit Phosphors. stark eingekocht, geben beide eine farblose Flüssigkeit, welche sich auf Zusatz von Salpeters. violett färbt. Der Triplit gibt mit Schwefels. merkliche Reaktion von Flusssäure. Hier schliesst sich an der *Sarkopsit*, ein fluorhaltiges Eisen- und Manganphosphat von fleischroter Farbe, Strich strohgelb. Vgl. den folgenden Triphylin.

Triphylin $\overset{.}{Fe}_{40} \overset{.}{Mn}_{10} \overset{.}{L}_7 \overset{.}{Na}, \overset{.}{K}_{2} \overset{..}{P}_{41}$; rhomb. spaltb. bas.; H. 4-5; G. 3.5-3.6; grünlich-grau, bläulich; verhält sich v. d. L. den vorhergehenden ähnlich, gibt aber mit Borax keine so deutliche Reaktion auf Mangan, sondern mehr ein von Eisen gefärbtes Glas. Wird die salzs. Auflsg. mit Zusatz von Salpeters. zur Trockne gelinde abgedampft, dann Weingeist zugesetzt und dieser zum Kochen erhitzt und angezündet, so bemerkt man von Zeit zu Zeit, besonders zuletzt, purpurrote Streifen in der Flamme. Dieses Verhalten unterscheidet den Triphylin leicht von ähnlichen Eisenphosphaten. Mit Phosphors. verhält er sich wie die vorigen.

Diadochit (Phosphoreisensinter) $\ddot{F}e_{40} \ddot{S}_{15} \dddot{P}_{15} \ddot{H}_{30}$, vielleicht Gemenge; H. 2.5-3; G. 1.9-2; rot-, gelbbraun; Pulver gelb; sehr leicht in Salzs. lösl., die Lösg. gibt mit Chlorbaryum starkes Präc. von schwefels. Baryt.

Vivianit (Blaueisenerz) $\ddot{F}e_{43} \dddot{P}_{28} \ddot{H}_{28}$; monosym.; spaltb. klinodiagon.; H. 2; G. 2.6-2.7; blau in verschiedenen Abänderungen; *Kraurit* (Grüneisenerz) $\ddot{F}e_{63} \dddot{P}_{28} \ddot{H}_{9}$, in manchen Var. $\ddot{F}e$ und bis 32 pCt. $\dddot{P}$; rhomb.; H. 3.5-4; G. 3.9-3.4; dunkel lauchgrün; *Kakoxen* $\ddot{F}e_{47} \dddot{P}_{21} \ddot{H}_{32}$; monosym. oder asym.; G. 1.3-2.4; ockergelb und *Borickit*, ca $\ddot{F}e_{52} \dddot{P}_{20} \dot{C}a_{8} \ddot{H}_{20}$; H.$3.5$; G.$2.7$; rötlichbraun; schmelzen v. d. L. leicht und verhalten sich, mit Schwefels. befeuchtet, wie die vorhergehenden. Dem Boraxglase erteilen sie aber nur die Farbe des Eisenoxyds (im Oxydationsfeuer rot, beim Abkühlen gelblich, im Reduktionsfeuer bouteillengrün). Die salzs. Lösg. gibt mit Chlorbaryum kein Präc.. Sie geben im Kolben viel Wasser. Ein ähnliches Phosphat ist der *Eleonorit* (Beraunit); $\ddot{F}e_{52} \dddot{P}_{32} \ddot{H}_{16}$; monosym.; spaltb. nach dem Orthopinakoid; H.3.4; hyazinthrot bis rötlichbraun. Strich gelb.

Hämatit (Roteisenerz) ist leicht durch die kirschrote Farbe des Striches zu erkennen (meistens im Schmelzgrade über 5).

Vgl. Limonit.

c) Es bilden mit Salzsäure eine Gallerte, oder werden leicht mit Ausscheidung von Kieselerde zersetzt.[*])

Cronstedtit $\ddot{S}i_{21} \ddot{F}e_{32} \dot{F}e_{29} \dot{M}g_5 \dot{H}_{12}$; rhomboëdr.; spaltb. bas.; H. 2.5; G. $3.3-3.5$; rabenschwarz; Strich dunkel lauchgrün gibt v. d. L. im Kolben Wasser und schmilzt, sich etwas aufblähend, zu einem schwarzen Glase. Bildet mit Salzs. vollkommene Gallerte. (*Sideroschisolith* verhält sich ähnlich und gehört vielleicht zu derselben Spezies). Aehnlich verhält sich der thonerdehaltige *Thuringit* $\ddot{S}i_{22-24} \ddot{A}l_{16-17} \dot{F}e_{33} \dot{H}_{10-11}$ Sp. von $\dot{M}g$, $\dot{M}n$; spaltb. nach einer Richtg.; H. $2-2.5$; G; $3.15-3.19$; olivengrün. Wird das aus der salpeter-salzs. Lösg. mit Ammoniak gefällte Eisenoxyd mit Kalilauge gekocht, so wird Thonerde extrahirt, die aus der angesäuerten Lösg. mit Ammoniak gefällt werden kann.

Vgl. Allanit.

Stilpnomelan (Chalcodit) $\ddot{S}i_{45-46} \ddot{A}l_{5-6} \dot{F}e_{36-38} \dot{M}g_{1-3} \dot{H}_9$; spaltb. monotom; H. $3-4$; G. $3-3.4$; grün in's Bronzefarbene schwarz; Strich grünlichgrau; gibt im Kolben Wasser und wird ohne Gallertbildung von Salzs. zersetzt. Dem Chalcodit nahestehend sind: *Voigtit*, glimmerähnliches Mineral; H. $2-3$; lauchgrün; *Ekmannit*, chloritähnliches Mineral; grass-lauchgrün, grauweiss, schwarz und *Euralit* dicht mit 11 pCt. $\dot{H}$.

Lievrit $\ddot{S}i_{29} \ddot{F}e_{20} \dot{F}e_{35} \dot{C}a_{14} \dot{H}_2$; rhomb.; H. $5-5.6$; G. $3.6-4.1$; bläulichschwarz; Strich schwarz und *Allanit* (Orthit) $\ddot{S}i, \dot{C}a, \dot{F}e, \ddot{C}e, \ddot{A}l, \ddot{F}e, \dot{H}$; monosym.; H. $5.5-6$; G. $3.3-3.8$ (3.98); bräunlich, grünlich-, pechschwarz; Strich grünlichschwarz. Sie bilden mit Salzs. Gallerte. V. d. L. geben sie kein

---

[*]) Dass der Rückstand Kieselerde sei, erkennt man, wenn er sich in Kalilauge leicht und vollkommen oder grösstentheils auflöst. Die Lösung fällt auf Zusatz einer hinreichenden Menge Salmiaklösung sogleich oder nach einiger Zeit weisse Flocken von Kieselerdehydrat.

oder nur Spuren von Wasser. Allanit bläht sich stark
auf und schmilzt leicht zu einem voluminösen bräunlichen
oder schwärzlichen Glase. Die salzs. Lösg. gibt nach Abscheidung der Kieselerde mit Ammoniak ein starkes Präc.,
welches auf Zusatz einer hinreichenden Menge Oxalsäure
sich mit Hinterlassung eines weissen Rückstandes auflöst.
Dieser Rückstand gibt geglüht, und dann nach Entfernung
des kohlensauren Kalkes durch verdünnte Salzs. wieder
geglüht eine blass ziegelrote Masse (Ceroxyd). — Liëvrit
bläht sich nur wenig auf, knistert und schmilzt ruhig
zu einer eisenschwarzen Perle.

Fayalit $\ddot{S}i_{29} \dot{F}e_{71}$; rhomb.; spaltb. nach zwei zu einander
senkrechten Richtungen; H. 6.5; G. $4-4.14$ und *Hortonolith*
$\ddot{S}i_{35} \dot{F}e_{44} \dot{M}n_4 \dot{M}g_{17}$; rhomb.; gelatinieren vollkommen.
Wenn sie mit Phosphors. zersetzt werden, so nimmt die
Gallerte von Hortonolith, mit Salpeters. erwärmt, sogleich
eine tief violette Farbe an. Ebenso verhält sich der
Knebelit $\ddot{S}i_{30}\dot{F}e_{35}\dot{M}n_{35}$; spaltb. prismat. ($115°$); G.$3.71-4.12$
und *Röpperit* $\ddot{S}i_{30} \dot{F}e_{35} \dot{M}g_{5-6} \dot{M}n_{17} \dot{Z}n_{11}$; rhomb.; G.$4.08$;
Letzerer gibt v. d. L. mit Soda einen Zinkbeschlag.

Pyrosmalith, ca. $\ddot{S}i_{35} (\dot{F}e, \ddot{A}l)_1 \dot{F}e_{30} \dot{M}n_{21} \dot{C}a_{0.7} Cl_{4-6} \dot{H}_{3-8}$;
hexagon.; spaltb. bas.; H.$4-4.5$; G.3.32 und *Astrophyllit*
$\ddot{S}i_{39-35} \ddot{T}_{8-14} \ddot{Z}r_{0-2} \ddot{F}e_{1-7} \dot{F}e_{24-26} \dot{M}n_{10-3} \dot{N}a_{4-3} \dot{K}_{6-5} \dot{H}_{2-4}$;
monosym.; spaltb. bas.; spröd; H.3.5; G.$3.3-3.4$. Sie
werden von Salzs. mit Ausscheidung von Kieselerde zersetzt, ohne zu gelatinieren. V. d. L. schmelzen sie sehr
leicht $= 2-2,5$. Pyrosmalith erteilt mit einem Glase
von Phosphorsalz und Kupferoxyd zusammengeschmolzen
der Flamme eine blaue Färbung, Astrophyllit nicht.
Spaltungsplatten von Pyrosmalith drehen das Kreuz im
Stauroskop nicht, Astrophyllit dreht es. Die salzs. Lösg.
des letzteren mit Stanniol eingekocht, färbt sich violett,
beim Verdünnen rosenrot (von Titansäure).

Lepidomelan $\ddot{Si}_{37} \ddot{Al}_{12} \ddot{Fe}_{23} \dot{Fe}_1 \dot{Mg}_{13} \dot{K}_9 \dot{H}_{0.6}$; monosym.
spaltb. bas.; H. 3; G. 3; in körnig schuppigen Massen,
rabenschwarz, Strich berggrün. Von Salzs. leicht zersetzt,
hinterlässt er die Kieselerde in der Form der schuppigen
Blättchen.

Mancher *Allochroit* (Eisenkalkgranat) $\ddot{Si}_{35} \bar{Fe}_{34} \dot{Ca}_{33}$; reg.;
H. 6.5-7.5; G. 3.4-4.3; grün, braun, schwarz; leicht schmelz-
bar; wird ebenfalls von konzentr. Salzs. grösstenteils zu
einer gallertartigen Masse zerlegt.

Thraulit (Hisingerit), wahrscheinlich wasserhaltige Eisen-
silikate, welche als Gemenge zu betrachten sind und
Xylotil (Bergholz), $\ddot{Si}, \bar{Fe}, \dot{Mg}, \dot{H}$; braun; faserig und
holzähnlich; sind nur schwer schmelzbar und werden
nach längerem Blasen magnetisch. Von Salzs. werden sie
ohne Gallertbildung zersetzt. Beide geben v. d. L. im
Kolben Wasser.*)

d) Es werden von Salzsäure nur wenig ergriffen:

Krokydolith, $\ddot{Si}, \bar{Fe}, \dot{Na}, \dot{Mg}, \dot{Mn}, \dot{Ca}, \dot{H}$; H. 4; G. 3.2-3.3:
faserig; lavendelblau; gibt im Kolben etwas Wasser und
Arfvedsonit, $\ddot{Si}_{51}, \bar{Fe}_{24}, \dot{Fe}_8, \dot{Na}_{11}, \dot{Ca}_2, \dot{Mn}, \dot{Mg}, \dot{K}$; monosym.; spaltb. prismat. ($125°55'$); schwarz; Strich graulich-
seladongrün; gibt im Kolben kein Wasser. Sie schmelzen
v. d. L. sehr leicht $= 1,7—2$ mit starkem Anschwellen
und Blasen austreibend zum schwarzen Glase.**)

(Vgl. Amphibol und Turmalin, welche in einigen Varietäten
nach dem Schmelzen schwach auf die Magnetnadel wirken).

Seladonit (Grünerde), $\ddot{Si}, \bar{Fe}, \dot{Mg}, \dot{Ca}, \ddot{Al}, \dot{K}, \dot{Na}, \dot{H}$; schmilzt
v. d. L. ruhig ohne Anschwellen $= 3$ und gibt im Kolben
etwas Wasser. Farbe seladongrün. H. 1.

---

*) Mancher *Thoneisenstein* ist schmelzbar, nach dem Schmelzen
magnetisch und wird von konzentr. Salzs. mit Ausscheidung von
Thon etc. aufgelöst. Strich meist ockergelb, auch bräunlichrot.

**) Ein ähnliches Silikat, der *Aegirin*, monosym.; spaltb. ortho-
diagon.

*__Akmit__ $\ddot{S}i_{52}\ddot{F}e_{35}\dot{N}a_{13}$; monosym.; spaltb. prismat. (87^{0});
H. $6-6.5$; G. $3.43-3.53$ und *Babingtonit*, $\ddot{F}e$, $\dot{C}a$, $\dot{F}e$, $\dot{M}n$, $\ddot{S}i$;
asym.; spaltb. nach zwei Richtungen; H. $5.5-6$; G. $3.35-3.4$.
Sie schmelzen ruhig, Akmit = 2, Babingtonit = 2,6
zu einem schwarzen glänzenden Glase. Babingtonit gibt
nach dem Aufschliessen mit Kali und Fällen der salzs.
Auflösg. mit Ammoniak, noch weiter mit oxals. Ammoniak
ein starkes Präc., Akmit aber keines oder ein sehr geringes.
Vgl. Augit.

Almandin (Thoneisengranat) $\ddot{S}i_{36}\ddot{A}l_{21}\dot{F}e_{43}$; reg.; H. $6.5-7.5$;
G. $3.4-4.8$; rot, braunrot, schmilzt ruhig = 3, gelatiniert
nach dem Schmelzen. Vgl. auch Allochroit.

Wolfram (Wolframit) $\ddot{W}_{76}(\dot{F}e,\dot{M}n)_{24}$; monosym.; spaltb.
klinodiagon.; H. $5-5.5$; G. $7.14-7.54$; bräunlichschwarz;
Strich bräunlich-rötlichschwarz und *Ferberit* $\ddot{W}_{70}(\dot{F}e,$
$\dot{M}n)_{30}$; H. $4-4.5$; G. $6.74-6.8$ geben, mit konzentr. Phos-
phors. eingekocht, einen blauen Syrup, der, mit Wasser
verdünnt, eine farblose Lösg. gibt. Auf Zusatz und
Schütteln mit Eisenpulver färbt sich diese Lösg. schön
blau. Aehnlich verhält sich der *Hübnerit* $\ddot{W}_{76}\dot{M}n_{24}$.
Rhodonit (Mangankiesel, Pajsbergit), $\ddot{S}i$, $\dot{M}n$, $\dot{C}a$, $\dot{F}e$; asym.;
spaltb. nach zwei Richtungen unter 87^{0} $30'$; H. $5-5.5$;
G. $3.5-3.63$; rosenrot, bräunlichrot. Er wird nach dem
Schmelzen in manchen Var. auch magnetisch und erteilt
dem Boraxglase eine schöne Amethystfarbe.

Lithionit (Lithionglimmer), öfters nach dem Schmelzen
magnetisch, färbt die Löthrohrflamme deutlich purpurrot, spaltb. bas. Vgl. Lepidomelan.

e) Es sind noch übrig:

Molybdänocker $\ddot{M}o$, schwefelgelb in's Pomeranzgelbe, schmilzt
v. d. L. auf Kohle, raucht und wird eingesogen. Mit
Soda erhält man beim Schlemmen der Kohle ein stahl-
graues Pulver von reduziertem Molybdän. Mit Phosphor-

salz gibt er im Reduktionsfeuer ein dunkles Glas, welches beim Erkalten klar und schön grün wird. In Salzs. leicht aufl.; die Auflösg. ist farblos, nimmt aber beim Umrühren mit Stanniol sogleich blaue Farbe an.

Eulytin (Wismutblende, Kieselwismut) $\ddot{B}i_{84}\ddot{S}i_{16}$; reg. tetraëdr. hem.; H. 4.5-5; G. 6.1 und *Bismutit* $\ddot{B}i_{96}\ddot{C}s_{11}$; H. 4-4.5; G. 6.12-6.27; geben mit Schwefel und Jodkalium auf Kohle zusammengeschmolzen einen roten Beschlag; mit Soda ein Wismutkorn. Eulytin. bildet mit Salzs. vollkommene Gallerte, Bismutit löst sich darin mit Brausen.

Pucherit $\ddot{B}i_{72}\ddot{V}_{28}$; rhomb.; spaltb. nach einer Richtg.; H. 4; G. 6.25; braunrot; Strich ockergelb. V. d. L. wie die vorigen auf Wismut reagierend, gibt in der konzentr. salzs. Lösg. (von grünblauer Farbe) mit Wasser ein gelbes Präc., das Filtrat hat eine himmelblaue Farbe. — Braunrot, Strich ockergelb.

Vgl. Samarskit. Vgl. auch aus der vorigen Abteilung c. den Allanit, welcher nach dem Schmelzen nicht immer magnetisch reagiert. Vgl. auch Lepidomelan.

II. V. d. L. mit Soda geschmolzen kein Metallkorn gebend und keine auf die Magnetnadel wirkende Masse:

1. Es reagieren, nach dem Schmelzen und anhaltenden Erhitzen auf Kohle, in der Pinzette, oder im Platinlöffel alkalisch und färben ein angefeuchtetes Kurkumpapier rotbraun. Die Probe ist in Splittern anzuwenden und nicht als Pulver.*)

a) In Wasser leicht und vollkommen auflöslich;

Salpeter (Kalisalpeter) $\ddot{K}_{47}\ddot{N}_{53}$; rhomb.; H. 2; G. 1.9-2.1 und *Nitratin* (Natronsalpeter) $\ddot{N}a_{36}\ddot{N}_{64}$; rhomboëdr.;

---

*) Wie *Kenngott* gezeigt hat, reagieren eine Menge von Silikaten und andern Verbindungen für sich oder nach dem Schmelzen alkalisch, wenn sie als Pulver auf Kurkumpapier gebracht und mit Wasser befeuchtet werden. Sie zeigen aber in Splittern diese Reaktion nicht, während dieses bei den hier aufgeführten sehr deutlich der Fall ist.

spaltb. rhomboëdr.; H. 1.5-2; G. 2.1-2.2. V. d. L. auf
Kohle verpuffen sie lebhaft, was bei den folgenden nicht
geschieht. Am Platindraht geschmolzen färbt Kalisalpeter
die Flamme bläulich mit einem Stich in's Rote, Nitratin
stark gelb. In der Aufl. von Salpeter bringt Platinchlorid
einen gelben, in der von Nitratin keinen Niederschlag
hervor.

*Soda $\dot{\mathrm{N}}\mathrm{a}_{22} \ddot{\mathrm{C}}_{15} \dot{\mathrm{H}}_{63}$ und *Trona $\dot{\mathrm{N}}\mathrm{a}_{38} \ddot{\mathrm{C}}_{40} \dot{\mathrm{H}}_{22}$; beide mono-
sym. Sie geben v. d. L. im Kolben viel Wasser. Die
wässerige Auflösg. reagiert alkalisch und braust beim
Zusatz einer Säure. Die Krystalle von Soda verwittern
schnell an der Luft (Thermonatrit $\dot{\mathrm{N}}\mathrm{a}\ddot{\mathrm{C}}$ mit 15 pCt. $\dot{\mathrm{H}}$;
rhomb.), die von Trona aber nicht.

*Mirabilit (Glaubersalz) $\dot{\mathrm{N}}\mathrm{a}_{19} \ddot{\mathrm{S}}_{25} \dot{\mathrm{H}}_{56}$; monosym.; spaltb.
klinodiagon.; H. 1.5-2; G. 1.4-1.5; *Thenardit $\dot{\mathrm{N}}\mathrm{a}_{44} \ddot{\mathrm{S}}_{56}$;
rhomb.; H. 2.5; G. 2.68; *Glaserit (Schwefelsaures Kali)
$\dot{\mathrm{K}}_{54} \ddot{\mathrm{S}}_{46}$; rhomb.; H. 2.5-3; G. 2.69-2.71; Epsomit (Bitter-
salz) $\dot{\mathrm{M}}\mathrm{g}_{16} \ddot{\mathrm{S}}_{33} \dot{\mathrm{H}}_{61}$; rhomb.; spaltb. brachydiagon.; H. 2-2.5;
G. 1.7-1.8 und *Kalialaun $\dot{\mathrm{K}}_{10} \ddot{\mathrm{A}}\mathrm{l}_{11} \ddot{\mathrm{S}}_{34} \dot{\mathrm{H}}_{45}$; reg.; H. 2-2.5;
G. 1.7-1.9. Ihre Aufl. in Wasser reagiert nicht alkalisch
und braust nicht beim Zusatz einer Säure. Mit Chlorbaryum erhält man ein starkes in Salzs. unaufl. Präc.
von schwefels. Baryt. Kalialaun und Epsomit geben in
ihren Auflösg. mit kohlens. Kali weisse Niederschläge.*)
Sie unterscheiden sich leicht v. d. L., indem die, nach
dem Austreiben des Wassers stark geglühte Masse des
erstern mit Kobaltauflösg. befeuchtet und erhitzt eine

---

*) Aehnliche Verbindungen sind die folgenden: *Löweit $\ddot{\mathrm{S}}_{52}$
$\dot{\mathrm{N}}\mathrm{a}_{20} \dot{\mathrm{M}}\mathrm{g}_{13} \dot{\mathrm{H}}_{15}$; tetragon.; spaltb. bas.; H. 2.5-3; G. 2.38; Kieserit $\ddot{\mathrm{S}}_{58}$
$\dot{\mathrm{M}}\mathrm{g}_{30} \dot{\mathrm{H}}_{13}$; monosym.; spaltb. pyramid.; H. 3; G. 2.57; *Blödit (Simonyt)
$\ddot{\mathrm{S}}_{48} \dot{\mathrm{N}}\mathrm{a}_{19} \dot{\mathrm{M}}\mathrm{g}_{12} \dot{\mathrm{H}}_{21}$; monosym.; H. 2.5-3.5; G. 2.22-2.28 und Kainit $\ddot{\mathrm{S}}_{32}$
$\dot{\mathrm{M}}\mathrm{g}_{16} \dot{\mathrm{K}}_{16} \mathrm{Cl}_{14} \dot{\mathrm{H}}_{22}$; monosym.; spaltb. orthodiagon.; G. 2.13. Die
wässerige Lösung des letzteren gibt mit Silberlösung ein Präc. von
Chlorsilber.

schöne blaue, die des letztern eine blass fleischrote Farbe
annimmt. Die übrigen geben mit Alkalien in ihren Aufl.
keine Niederschläge. Die konzentr. Aufl. von Glaserit
wird durch Platinchlorid gelb, die von Thenardit nicht
gefüllt. Thenardit gibt v. d. L. im Kolben kein, Mirabilit sehr viel Wasser.

Tachhydrit Ca Cl_{21} Mg Cl_{37} H $_{42}$; rhomboëdr.; spaltb. rhomboëdr. gibt im Kolben viel Wasser, schmilzt anfangs
oberflächlich und gibt eine nicht weiter schmelzbare
Masse, welche die Flamme schön rot färbt und alkalisch
reagiert. In Wasser leicht und vollkommen aufl.; reagiert
auf Kalk und Magnesia.

Carnallit K Cl_{27} Mg Cl_{34} H $_{39}$; rhomb. gibt im Kolben
Wasser, schmilzt leicht, nach scharfem Glühen der (auf
Platinblech) geschmolzenen Masse alkalisch reagierend.
In Wasser leicht lösl., reagiert nicht auf Kalk, aber auf
Magnesia und Kali mit phosphors. Ammon. Natron und
mit Platinchlorid.

Steinsalz Na Cl und *Sylvin* Ka Cl beide reg.; spaltb. hexaëdr.; H. $_2$; G. $_{2.1-2.2}$; sind wasserfrei und leicht durch
den Geschmack zu erkennen. Die wässerige Auflösg.
gibt mit Barytaufl. und Alkalien kein, mit salpeters.
Silberoxyd aber ein starkes Präc. von Chlorsilber; sie
reagiert nicht alkalisch und gibt mit Platinchlorid von
Steinsalz kein, von Sylvin aber ein starkes gelbes Präc.

Tinkal B $_{37}$ Na $_{16}$ H $_{47}$; monosym.; H. $_{2-2.5}$; G. $_{1.7-1.8}$. Die
Aufl. reagiert alkalisch: braust nicht mit Säuren und
gibt mit Schwefelsäure zersetzt und zur Trockne abgedampft, eine Masse, welche dem Alkohol die Eigenschaft
erteilt, mit grüner Flamme zu brennen.

b) In Wasser schwer oder unauflöslich:

Borocalcit, man kann bei ihm unterscheiden: *Hayesin* B $_{46}$
Ca $_{18}$ H $_{36}$; zartfaserige filzartige Massen, *Bechilit* B $_{53}$
Ca $_{21}$ H $_{26}$; Inkrustationen und *Pandermit* B $_{56}$ Ca $_{30}$ H $_{14}$;

fein krystallinische Knollen bildend. Schmelzbarkeit $= 1$, färben für sich die Flamme gelb. Geben im Kolben viel Wasser. In Salzsäure leicht und ruhig aufl. Abgedampft erteilen die Massen dem Weingeist die Eigenschaft, mit grüner Flamme zu brennen. In heissem Wasser z. T. löslich, die Lösungen reagieren alkalisch und geben mit oxals. Ammon. ein Präc. — Ebenso verhält sich der *Boronatrocalcit* (Ulexit) $\ddot{B}_{46} \ddot{C}a_{12}$ $\dot{N}a_7 \dot{H}_{35}$; G.$_{1.8}$; filzig-feinfaserig. — Sind in Schwefels. unaufl.*)

Gaylussit $\dot{C}a_{18} \dot{N}a_{20} \ddot{C}_{28} \dot{H}_{34}$; monosym.; H.$_{2.5}$; G.$_{1.9-1.95}$; *Witherit* $\dot{B}a_{78} \ddot{C}_{22}$; rhomb.; spaltb. prismat.; H.$_{3-3.5}$; G.$_{4.2-4.3}$ und *Staffelit***) ein mit kohlens. Kalk gemengter Apatit werden von verd. Salzs. mit Brausen aufgelöst. Die stark verd. saure Aufl. gibt mit Schwefels. bei Gaylussit und Staffelit kein, bei Witherit ein starkes Präc. Gaylussit gibt v. d. L. im Kolben viel, Witherit und Staffelit geben kein Wasser. Die salzs. Lösg. des Staffelit gibt mit Ammoniak ein Präc., die der übrigen nicht. Seine Lösg. gibt auch mit molybdäns. Ammoniak erwärmt, das gelbe Präc. des phospho-molybdäns. Ammoniaks. Vgl. *Strontianit*, welcher die Löthrohrflamme purpurrot färbt.

Anhydrit $\dot{C}a_{41} \ddot{S}_{59}$; rhomb.; spaltb. brachy- und makrodiagon.; H.$_{3-3.5}$; G.$_{2.8-3}$; *Gyps* $\dot{C}a_{33} \ddot{S}_{46} \dot{H}_{21}$; monosym.; spaltb. klinodiagon.; H.$_{1.5-2}$; G.$_{2.2-2.4}$; *Polyhalit* $\dot{C}a \ddot{S}_{46} \dot{K} \ddot{S}_{29} \dot{M}g \ddot{S}_{20} \dot{H}_6$; rhomb.; H.$_{3.5}$; G.$_{2.72-2.77}$ und *Brongniartin* (Glauberit) $\dot{C}a \ddot{S}_{49} \dot{N}a \ddot{S}_{51}$; monosym.;

---

*) Vgl. Stassfurtit, welcher von eingemengtem Steinsalz und Chlormagnesium nach dem Schmelzen alkalisch reagiert. Ist in Schwefels. auflöslich.

**) Der Staffelit verknistert und zersäubt v. d. L., so dass nur nach sehr langsamem Erhitzen eines Splitters die Schmelzbarkeit (3,5) erkannt werden kann.

spaltb. bas.; H. 2.5-3; G. 2.7-2.8 sind in viel Salzsäure
ruhig aufl. Die Aufl. gibt mit Chlorbaryum starkes Präc.
von schwefels. Baryt, nach dem Neutralisieren mit Ammoniak erhält man mit oxals. Ammoniak ein Präc. von
oxals. Kalk. Gyps gibt v. d. L. im Kolben viel Wasser
Polyhallit gibt wenig, die übrigen nur Spuren davon.
Polyhallit und Brongniartin werden von Wasser mit Ausscheidung von schwefels. Kalk zersetzt. Kocht man eine
Probe mit Wasser und filtriert, so erhält man bei beiden
durch oxals. Ammoniak ein geringes Präc., wird dieses
filtriert, so erhält man mit phosphors. Natron und Ammoniak bei Brongniartin kein, bei Polyhallit aber ein
starkes Präc. Ihre Schmelzbarkeit ist = 1,5. — Anhydrit
und Gyps sind in Wasser nur wenig auflöslich: ihre
Schmelzbarkeit = 2,5—3. Dem Brongniartin ähnlich
verhält sich der *Syngenit $\dot{K}_{29} \dot{C}a_{17} \ddot{S}_{49} \dot{H}_5$; monosym.;
dessen partielle Lösung aber mit Platinchlorid ein gelbes
Präc. gibt.

Baryt $\dot{B}a_{60} \ddot{S}_{34}$; rhomb.; G. 4.3-4.7 und *Cölestin* $\dot{S}r_{57} \ddot{S}_{43}$;
G. 3.9-4; beide rhomb.; spaltb. brachydiagon.; H. 3-3.5.
Sie werden von Salzs. nicht oder nur sehr wenig an-
gegriffen; die Salzsäure, mit welcher feines Pulver von
Cölestin gekocht wurde, trübt sich mit Chlorbaryum.
V. d. L. mit Soda geben sie Hepar. Baryt erteilt beim
Schmelzen in der Pinzette der Flamme eine blass gelb-
lichgrüne, Cölestin eine schwach purpurrote Färbung.
Lässt man auf geschmolzene Stückchen, welche anhaltend
im Reduktionsfeuer erhitzt wurden, einen Tropfen Salz-
säure fallen und hält sie dann an den blauen Saum der
Lichtflamme (ohne darauf zu blasen), so wird die Flamme
schön purpurrot gefärbt, wenn die Probe Cölestin, aber
nicht, wenn sie Baryt ist. Zwischen beiden steht der
Barytocoelestin $\dot{S}r_{35} \dot{B}a_{25} \ddot{S}_{40}$.

Liparit (Flussspath) $Ca_{61} F_{49}$; reg.; spaltb. oktaëdr.; H. 4; G. 3.1-3.2; *Kryolith* $Na_{33} Al_{13} F_{54}$; monosym. (asym.?): spaltb. nach 4 Richtungen, von denen 3 nahezu recht-winkelig sind; H. 2.5-3; G. 2.95-2.97 und *Pharmakolith* $Ca_{25} \ddot{A}s_{51} \ddot{H}_{24}$; monosym.; spaltb. klinodiagon geben v. d. L. mit Soda kein Hepar, und brausen nicht mit Salz-säure. Pharmakolith ist von den übrigen leicht durch den Arsengeruch zu unterscheiden, welchen er beim Schmelzen auf Kohle (in möglichst grossen Stücken an-gewendet) entwickelt. Flussspath und Kryolith ent-wickeln mit Schwefelsäure in einem Glaskolben erhitzt viel Fluor, welches das Glas angreift. Die Schmelzbar-keit von Kryolith ist = 1, die von Flussspath = 3. Der Antozonit genannte Flussspath entwickelt beim Reiben chlorartigen Geruch, welcher von ausserordentlich innig beigemengten Kohlenwasserstoffen herrührt.

Dem Kryolith ähnlich verhält sich der *Chiolit* $Al_{19} Na_{23} F_{58}$; tetragon.; spaltb. pyramid.; H. 4; G. 2.84-2.9. Er kommt gewöhnlich nur kleinkörnig vor, während der Kryolith bis jetzt immer in grosskrystallinischen Massen gefunden wurde. Nahe steht ferner der *Pachnolith* $Al_{12} Ca_{18} Na_{10} F_{51} H_{8}$; monosym., welcher sich von den vor-hergehenden dadurch unterscheidet, dass er im Kolben ein stark sauer reagierendes Wasser gibt. Aehnliche Ver-bindungen sind der *Chodnewit* $Al_{16} Na_{27} F_{58}$; G.3 und der ihm chem. ähnliche, 17 pCt. Ca enthaltende, *Arksutit* G.3.03-3.17; *Thomsenolith* $Al_{12} Na_{10} Ca_{18} F_{51} H_{8}$ und *Gearksutit* ein kalkreiches und natronarmes Zersetzungs-produkt des Kryolith.

Cancrinit $\ddot{S}i_{37} \ddot{A}l_{29} \dot{N}a\dot{k}_{18} \dot{C}a_{7} \ddot{C}_{6} \ddot{H}_{4}$ braust mit konzentr. Salzsäure, und damit erwärmt, gelatiniert er. V. d. L. wird er sogleich weiss und trübe und schmilzt = 2,5 mit starkem Aufblähen und Schäumen zu einem weissen blasigen Glase, welches beleuchtet auf Curcumapapier nach einigem Liegen alkalisch reagiert. Gehört in die Nähe des Nephelin.

2. **Es sind in Salzsäure, einige auch in Wasser, ohne merklichen Rückstand auflöslich. Die Auflösung bildet keine Gallerte.** (Vgl. aus der vorigen Abteilung die nach dem Schmelzen nur schwach alkal. reagierenden Kieserit, Kainit, Epsomit.)

Durangit $\ddot{A}s_{53} \ddot{A}l_{17} \ddot{F}e_9 \ddot{M}n_2 \dot{N}a_{13} F_8 Li_{0.6}$; monosym.; spaltb. prismat.; H.5; G.3.95-4.03; orangerot; Strich gelblich, schmilzt sehr leicht und gibt auf Kohle Arsenrauch, entwickelt mit konzentr. Schwefels. Flusssäure.

Chondroarsenit $\ddot{A}s_{33} \dot{M}n \dot{c}a, \dot{M}g_{59} \dot{H}_8$; H.3; *Trögerit* $\ddot{A}s_{18} \ddot{M}_{66} \dot{H}_{16}$; monosym.; spaltb. klinodiagon.; G.3.23; orangerot und *Walpurgin* $\ddot{A}s_{13} \ddot{B}i_{60} \ddot{U}_{20} \dot{H}_4$; asym.; spaltb. brachydiagon.; H.3.5; G.5.76; gelb. Sie geben auf Kohle Arsenrauch; Chondroarsenit färbt v. d. L. das Glas von Phosphorsalz amethystrot, die übrigen färben es grün. Walpurgin gibt mit Schwefel und Jodkalium auf der Kohle zusammengeschmolzen einen roten Beschlag.

Adamin $\ddot{A}s_{40} \dot{Z}n_{57} \dot{H}_3$, manche Var. Co und Cu haltig; rhomb.; spaltb. makrodomat.; H.3.5; G.4.33-4.35; leicht schmelzbar, auf Kohle mit Entwicklung von Arsenrauch einen Zinkbeschlag gebend. Honiggelb.

Fauserit, Manganoxydulhaltiges Bittersalz, in Wasser lösl., mit Phosphors. und Salpeters. erwärmt gibt er eine violette Lösung.

Tschermigit (Ammoniakalaun), $\dot{A}m, \ddot{A}l, \ddot{S}, \dot{H}$; reg.; *Keramohalit* $\ddot{A}l_{15} \ddot{S}_{36} \dot{H}_{49}$; H.1.5-2; G.1.6-1.7 und *Goslarit* (Zinkvitriol) $\dot{Z}n_{28} \ddot{S}_{28} \dot{H}_{44}$; rhomb. sphenoid.; spaltb. brachydiagon.; H.2-2.5; G.2-2.1 schmelzen beim ersten Erhitzen und blähen sich zu einer unschmelzbaren Masse auf. Diese nimmt mit Kobaltaufl. befeuchtet und geglüht beim Tschermigit und Keramohalit eine schöne blaue, beim Goslarit eine grüne Farbe an. Sie geben mit Soda Hepar und sind in Wasser aufl. Tschermigit entwickelt mit Kalilauge übergossen ammoniakalischen Geruch, Keramohalit nicht.

*Struvit, $\dot{A}m$, $\dot{M}g$, $\ddot{P}$, $\dot{H}$; rhomb. hemimorph; hemiëdr.; spaltb. bas., brachydiagon.; H.1.5-2; G.1.66-1.75; schmilzt leicht, gibt im Kolben viel Wasser, mit Soda kein Hepar und entwickelt, als Pulver mit Kalilauge übergossen, Ammoniak, an einem mit Salzs. befeuchteten und darüber gehaltenen Glasstab Salmiaknebel bildend.

Sassolin (Borsäure) $\ddot{B}_{66} \dot{H}_{44}$; asym.; spaltb. bas.; H.1; G.1.4-1.5; *Boracit* (Stassfurtit) $\ddot{B}_{62} \dot{M}g_{27} Cl_8 Mg_3$; reg. tetraëdr.; H.7; G.2.9-3; *Hydroboracit* $\ddot{B}_{61} \dot{C}a_{13} \dot{M}g_{10} \dot{H}_{26}$; H.2; G.1.9-2; *Larderellit*, $\dot{A}m$, $\ddot{B}$, $\dot{H}$ und *Sussexit* $\ddot{B}$, $\dot{M}n$, $\dot{M}g$, $\dot{H}$ schmelzen v. d. L. leicht und färben die Flamme grün. Werden sie als Pulver mit Schwefels. befeuchtet und erhitzt, und dann Alkohol darüber abgebrannt, so brennt dieser mit grüner Flamme. Larderellit entwickelt als Pulver mit Kalilauge Ammoniak, ist z. T. in Wasser lösl. Sussexit unterscheidet sich von den übrigen leicht dadurch, dass er mit Phosphors. und Salpeters. gelöst eine violette Flüssigkeit gibt. Boracit gibt v. d. L. kein, oder nur Spuren von Wasser, die übrigen geben sehr viel Wasser. Die Borsäure ist in Wasser und Weingeist aufl., die übrigen sind es nicht. Dem Hydroboracit ähnliches Mineral ist der *Ssajbelyit* $\ddot{B}_{38} \dot{M}g_{66} \dot{H}_7$; H.3.5; G.2.7. Dem Hydroboracit ähnlich verhält sich der *Lüneburgit* $\ddot{P}_{30} \ddot{B}_{15} Mg_{25} \dot{H}_{30}$; G.2.05, welcher aber in der salpeters. Lösg. mit molybdäns. Ammoniak ein gelbes Präc. gibt, welches bei den vorigen nicht der Fall ist. Vgl. Tinkal.

Alabandin und *Hauerit* geben mit Soda Hepar, welches bei den folgenden nicht der Fall ist und mit Phosphors.

und zugesetzter Salpeters. eingekocht violette Lösungen. Vgl. I. A. 5.

Wagnerit) $\dot{M}g \dot{F}e, \dot{C}a_{50} F_{12} \ddot{P}_{44}$; monosym.; H. $_{5-5.5}$; G. $_{3-3.5}$ und Apatit $\dot{C}a_{50} \ddot{P}_{42}$ ($Ca \dot{C}l$, $Ca F$) $_8$; hexagon. pyramid. hemiëdr.; H. $_5$; G. $_{3.16-3.22}$ schmelzen v. d. L., Apatit ruhig $= 5$ und Wagnerit mit Sprudeln $= 3—3,5$ und färben mit Schwefels. befeuchtet die Flamme vorübergehend blass bläulichgrün. Die salpeters. Lösg. gibt mit molybdäns. Ammoniak erwärmt, ein gelbes Präc. Wagnerit ist auch in verd. Schwefelsäure aufl., Apatit nicht. Der

Brushit $\dot{C}a_{33} \ddot{P}_{41} \dot{H}_{26}$; monosym.; spaltb. klinodiagon., bas.; G. $_{2.21}$ verhält sich auf nassem Wege dem Apatit ähnlich, gibt aber im Kolben viel Wasser, ebenso der *Isoklas* mit $_{18}$ pCt. Wasser.

Amblygonit (Montebrasit) $\ddot{A}l_{36} \ddot{P}_{49} F_{10}$ ($\dot{L}i$, $\dot{N}a)_9$; asym.; spaltb. unter $_{105}^{0}$; H. $_6$; G. $_{3-3.11}$; schmilzt sehr leicht $= 2$ und färbt die Flamme purpurrot. Ist in konzentr. Salzs. und Schwefels. schwer aufl. und entwickelt mit letzterer Flusssäure. Beim Kochen des feinen Pulvers mit Salpeters. löst sich leicht so viel auf, dass beim Erwärmen mit molybdäns. Ammoniak durch Bildung des gelben Präc. die Reaktion der Phosphors. erkannt wird; phosphoresziert beim Erwärmen mit lichtblauem Schein. Aehnlich der *Hebronit*, wohl ein Zersetzungsprodukt des Amblygonit. *Lithiophilit*, $\dot{M}n$, $\dot{F}e$, $\dot{L}i$, $\ddot{P}$; rhomb.; spaltb. nach 3 Richtungen; G. $_{3.43}$; reagiert wie die vorhergehenden auf Lithion und Phosphors.; mit Phosphors. und Salpeters. eingekocht erhält man eine violette Flüssigkeit.

Uranit (Kalkuranit) $\ddot{U}_{63} \dot{C}a_6 \ddot{P}_{15} \dot{H}_{16}$; rhomb.; spaltb. bas.; H. $_{1-2}$; G. $_{3-3.2}$; zeisiggrün-schwefelgelb; Strich gelb schmilzt v. d. L. leicht, gibt im Kolben viel Wasser, und

---

*) Kjerulfin ist ein teilweise in Apatit umgewandelter Wagnerit

mit Phosphorsalz im Oxydationsfeuer ein gelbes Glas, welches im Reduktionsfeuer schön grün wird. Die salzs. oder salpeters. Auflösg. hat eine gelbe Farbe und gibt mit Ammoniak ein gelbliches Präc., reagiert wie die vorigen auf Phosphors.

Vgl. Chalkolith.

3. **Es sind in Salzsäure zur vollkommenen steifen Gallerte auflöslich:**

a) V. d. L. im Kolben Wasser gebend:

Datolith Si 37 B̈ 23 Ċa 55 Ḣ 6; monosym.; H. 5-5.5; G. 2.9-3; gibt ihm Kolben wenig Wasser (die übrigen geben viel Wasser), schmilzt zu einem dichten klaren, meistens farblosen Glase und färbt dabei die Flamme schön grün. Uebergiesst man die Gallerte mit Weingeist, so erhält dieser die Eigenschaft, mit grüner Flamme zu brennen. Hieher gehört oder ist sehr nahestehend der *Bothryolit* chem. dem Datolith ähnlich, aber mit 11 pCt. H, kleintraubig, faserig.

Edingtonit Si 37 Äl 23 B̈a 27 Ḣ 12; tetragon. spenoid.; H. 4-4.5; G. 2.71 die salzs. verd. Lösg. gibt mit Schwefels. ein Präc. von schwefels. Baryt.

Natrolith Si 47 Äl 27 Ṅa 16 Ḣ 9; rhomb.; spaltb. prismat.; H. 5-5.5; G. 2.17-2.26 schmilzt v. d. L. ruhig = 2, ohne merkliches Aufblühen oder Anschwellen, das Glas ist hell, fast durchsichtig. Die salzs. Auflösg. gibt, nachdem die Thonerde durch Ammoniak gefüllt worden, durch kohlens. Ammoniak kein oder ein sehr geringes Präc.

Vgl. Analcim.

Skolecit Si 46 Äl 26 Ċa 14 Ḣ 14; H. 5-5.5; G. 2.2-2.39 und *Laumontit* Si 50 Äl 23 Ċa 12 Ḣ 16; H. 3-3.5; G. 2.25-2.35; beide monosym.; spaltb. prismat. krümmen sich beim Schmelzen wurmförmig, vorzüglich Skolecit. Dieser gibt in der äusseren Flamme eine voluminöse, schaumartige, stark

leuchtende Masse, welche in der innern zu einem blasigen
schwach durchscheinenden Glase zusammenfällt. Laumontit schmilzt unter Entwicklung einiger Luftblasen
zu einem weissen durchscheinenden Email. Der Skolecit
wird durch Erwärmen elektrisch.

Dem Skolecit sehr nahe stehend sind und zeigen sehr
ähnliches chemisches Verhalten : *Mesolith* (Harringtonit)
$\ddot{S}i_{46} \ddot{A}l_{26} \dot{C}a_{10} \dot{N}a_5 \ddot{H}_{12}$; monosym. und *Thomsonit*
(Comptonit) $\ddot{S}i_{39} \ddot{A}l_{31} \dot{C}a_{13} \dot{N}a \dot{k}_4 \ddot{H}_{13}$; rhomb.; spaltb.
brachydiagon. und makrodiagon.; H.$_{3-5.5}$; G.$_{2.35-2.38}$,
sind aber nicht pyroelektrisch.

Phillipsit (Kalkharmotom) $\ddot{S}i_{48} \ddot{A}l_{22} \dot{C}a_6 \dot{K}_7 \ddot{H}_{17}$; monosym.; gewöhnlich in Form von Durchkreuzungs- und
Doppelzwillingen; spaltb. bas. und klinodiagon.; H.$_{4.5}$;
G.$_{2.15-2.20}$; schmilzt mit geringem Aufblähen $= 3$
(mancher zerbröckelt, wie Aragonit).

In die Nähe des Phillipsit gehört der *Gismondin*
$\ddot{S}i_{36} \ddot{A}l_{27} \dot{C}a_{13} \dot{K}_3 \ddot{H}_{21}$; tetragon.

Ittnerit, $\ddot{S}i, \ddot{A}l, \dot{N}a, \dot{K}, \dot{C}a, \ddot{S}, \ddot{H}, Cl$; reg.; spaltb. dodekaëdr.;
H.$_{5-5.5}$; G.$_{2.35-2.4}$ schmilzt mit Aufblähen und unter-
scheidet sich von den vorhergehenden dadurch, dass die
salzs. Lösg. von Barytlösg. getrübt wird.

Vgl. auch aus der folgenden Abteilung 4. Apophyllit, Okenit
und Analcim, welche von Salzs. zu einer gallertähnlichen Masse
zersetzt werden.

b) V. d. L. im Kolben kein oder nur Spuren von Wasser
gebend :

Vgl. Datolith aus der vorhergehenden Abteilung.

Tephroit (Manganchrysolith, Pikrotephroit) $\ddot{S}i_{50} (\dot{M}n \dot{M}g)_{70}$;
rhomb.; spaltb. prismat. nach 2 zu einander rechtwinke-
ligen Flächen; H.$_{5.5-6}$; G.$_{4.06-4.12}$; rötlichbraun, grau-
lich und *Helvin* $\ddot{S}i_{32} \dot{B}e_{11} \dot{M}n_{49} \dot{F}e_4 S_6$; reg.; tetraëdr.;
H.$_{6-6.5}$; G.$_{3.21-3.37}$; honiggelb, wachsgelb; geben mit

Phosphors. unter Zusatz von Salpeters. eine violette Lösg.
Helvin entwickelt mit Salzs. Schwefelwasserstoff, Tephroit
nicht. Dem Helvin nahestehend ist der *Danalith* mit
16-19 pCt. Zn; reg.; spaltb. oktaëdr.; H.5.5-6; G.3.43;
fleischrot in's Graue. Er gibt v. d. L. mit Soda auf
Kohle einen geringen Zinkbeschlag, mit Borax Eisen-
reaktion.

Hauyn $\ddot{S}i_{34} \bar{A}l_{28} \dot{N}a_{12} \dot{K}_5 \dot{C}a_{10} \ddot{S}_{11}$; reg.; spaltb. dodekaëdr.; H.5-5.5; G.2.4-2.5; gew. blau, selten farblos oder
weiss (Berzelin) und *Lasurit* (Lasurstein) $\ddot{S}i_{45} \bar{A}l_{32} \ddot{S}_6$
$\dot{N}a_9 \dot{C}a_4$, Sp. von $\bar{F}e, S, \dot{H}$; reg.; H.5.5; G.2.38-2.42;
himmelblau und lasurblau. Hauyn schmilzt schwer
= 4,5, Lasurstein leicht = 3, beide zu einem weissen
Glase. Beide geben v. d. L. mit Soda auf Kohle Hepar,
mit charakteristischen bräunlichroten Flecken.

Nosean (Nosin) $\ddot{S}i_{36} \bar{A}l_{31} \dot{N}a_{23} \ddot{S}_8 Cl_1$; reg.; H.5.5; G.2.28-2.4;
graulich, bräunlich schmilzt = 4,5, mit Schäumen und
Sprudeln. Die salzs. Aufl. beider gibt mit Chlorbaryum
ein Präc. von schwefels. Baryt. Skolopzit ist ein umgewandelter Nosean oder Hauyn.

Sodalith $\ddot{S}i_{37} \bar{A}l_{32} \dot{N}a_{26} Cl_7$; reg.; spaltb. dodekaëdr.; H.5.5;
G.2.13-2.29; farblos, grünlich, blau und *Eudialyt* $\ddot{S}i_{50}$
$\dot{Z}r_{17} \bar{F}e_7 \dot{M}n_1 \dot{C}a_{11} \dot{N}a\dot{K}_{13} Cl_1$; rhomboëdr.; spaltb. bas.;
H.5-5.5; G.2.84-2.95; rötlich, bräunlichrot reagieren vor
d. L. mit einem Fluss von Phosphorsalz und Kupferoxyd
zusammengeschmolzen auf Chlor, indem dabei die Flamme
vorübergehend blau gefärbt wird. In der salpeters. Auflösung gibt Silberauflösg. ein Präc. von Chlorsilber. Die
verd. salzs. Lösg. von Eudialyt färbt Curcumapapier
orangegelb, mit schwefels. Kali zur Krystallisation eingekocht und dann mit Wasser gekocht, trübt sie sich
von gefällter Zirkonerde. Sodalith schmilzt v. d. L. zu

einem klaren farblosen Glase, Eudialyt zu einem un-
durchsichtigen pistaziengrünen Glase.

Wollastonit $\ddot{S}i_{52} \dot{C}a_{48}$; monosym.; spaltb. orthodiagon. und
bas.; H.$_{4.5-5}$; G.$_{2.78}$ schmilzt v. d. L. ruhig zu einem
ungefärbten halbdurchsichtigen Glase. Die salzs. Auflösung gibt, nach Ausscheidung der Kieselerde, mit Ammoniak kein oder ein unbedeutendes Präc.; mit kohlens.
Ammoniak aber einen reichlichen Niederschlag von
kohlens. Kalk. Vgl. Pektolith.

Nephelin (Eläolith, Davyn) $\ddot{S}i_{41-44} \ddot{A}l_{35-33} \dot{N}a_{17-16} \dot{K}_{6-5}$
$\dot{C}a$ bis 2 pCt. Sp. von H; hexagon.; H.$_{5.5-6}$; G.$_{2.58-2.64}$;
Meionit $\ddot{S}i_{42} \ddot{A}l_{32} \dot{C}a_{26}$; tetragon.; spaltb. prismat.;
H.$_{5.5-6}$; G.$_{2.6-2.61}$ und *Humboldtilith* (Melilith) $\ddot{S}i_{38-41}$
$\ddot{A}l_{6-11} \ddot{F}e_{4-10} \dot{C}a_{32} \dot{M}g_{4-7} \dot{N}a_{2-4}$; tetragon.; spaltb. bas.;
H.$_{5-5.5}$; G.$_{2.9-2.95}$. Die Auflösg. dieser Mineralien gibt
mit Ammoniak einen Niederschlag. Meionit schmilzt mit
Schäumen und Leuchten zu einem blasigen Glase, welches
sich aber nicht vollkommen runden lässt. Die übrigen
schmelzen ohne ein solches Schäumen. Die Lösung des
Nephelin gibt nach Abscheidung der Thonerde durch
Ammoniak, im Filtrat mit oxals. Ammoniak kein oder
ein geringes, die des Humboldtilith ein starkes Präc.
(Der zersetzte kalkhaltige Nephelin reagiert nach dem
Glühen alkalisch, der Humboldtilith nicht.) (Vgl. Cancrinit.) Eine Var. des Nephelin (Eläolith) zeigt Fettglanz. Dem Humboldtilith ähnlich verhält sich der
Barsowit, ca. $\ddot{S}i_{42} \ddot{A}l_{36} \dot{C}a_{20}$, welcher aber v. d. L.
etwas schwerer = 4 schmilzt, während die Schmelzbar-
keit des Humboldtilith = 3. Auch bläht sich der Humboldtilith beim Schmelzen ein wenig auf, der Barsowit
schmilzt ganz ruhig.

Vgl. Gehlenit, welcher nur sehr schwer schmelzbar ist.

4. Es sind in Salzsäure mit Hinterlassung von Kieselerde auflöslich, ohne vollkommene Gallerte zu bilden.

(Bei vielen muss das feine Pulver mit konzentr. Säure behandelt werden.)

a) V. d. L. im Kolben Wasser gebend:

Klipsteinit ist Gemenge eines Mangansilikates mit einem Manganoxyd. Von Salzs. unter Chlorentwicklung leicht zersetzt, die Kieselerde als schleimiges Pulver absetzend. Mit konzentr. Phosphors. eine violette Lösung gebend. 9 pCt. Wasser.

Apophyllit $\overset{\cdot\cdot\cdot}{Si}_{53} \overset{\cdot\cdot}{Ca}_{25} \overset{\cdot\cdot}{H}_{16} KF_6$; tetragon.; spaltb. bas.; H. 4.5-5; G. 2.3-2.4; *Pektolith* $\overset{\cdot\cdot\cdot}{Si}_{54} \overset{\cdot\cdot}{Ca}_{34} \overset{\cdot}{Na}_9 \overset{\cdot\cdot}{H}_3$; monosym.; spaltb. bas. u. orthodiagon. (95°23′); H. 5; G. 2.74-2.88 und *Okenit* $\overset{\cdot\cdot\cdot}{Si}_{37} \overset{\cdot\cdot}{Ca}_{26} \overset{\cdot\cdot}{H}_{17}$; rhomb.; H. 5; G. 2.28-2.36 werden von Salzs. sehr leicht zersetzt und hinterlassen die Kieselerde in gallertartigen Klumpen, ohne eine steife Gallerte zu bilden. Nach Abscheidung der Kieselerde[*]) gibt die Auflösg. (mit überschüssiger Säure) durch Ammoniak kein oder nur ein sehr geringes Präc. — Pektolith schmilzt v. d. L. leicht unter Entwicklung einiger Luftblasen zu einem weissen durchscheinenden emailleartigen Glase. Er gibt im Kolben nur wenig Wasser und bildet nach dem Glühen oder Schmelzen mit Salzs. eine Gallerte. — Die übrigen geben im Kolben viel Wasser. Sie werden nach vorhergegangenem Glühen oder Schmelzen von Salzs. nur schwer angegriffen. Apophyllit schmilzt = 1,5 zu einem blasigen weissen Glase, Okenit = 2,5—3 mit Schäumen zu einer porzellanartigen Masse.[**])

Vgl. Xonotlit.

---

[*]) Zur vollkommenen Abscheidung der Kieselerde muss man die Auflösung zur Trockene abdampfen, wieder mit etwas Salzs. digerieren und dann filtrieren.

[**]) Vgl. Meerschaum.

Analcim $\dot{S}i_{54}\ddot{A}l_{22}\dot{N}a\,k_{14}\overset{..}{H}_8$, manche Var. enth. $3-6$ pCt.
$\dot{C}a$; reg.; H.$_{5.5}$; G.$_{2.1-2.28}$ wird von Salzs. wie die vorhergehenden, zu einer gallertähnlichen Masse zerlegt. Manche ganz frische Var. bilden eine vollkommene Gallerte. Die Auflösg. gibt nach Abscheidung der Kieselerde mit Ammoniak ein starkes Präc. V. d. L. wird er bei der ersten Einwirkung der Flamme trübe, bei anfangender Schmelzung aber wasserklar, und gibt ohne sich aufzublähen, ein glänzendes Glas.

Pyrosklerit ist ein zersetzter unreiner Diallag; spaltb. nach einer Richtg.; *Chonikrit* ein zersetzter und mit Diallag gemengter Feldspath unterscheiden sich von den vorhergehenden und folgenden durch ihre geringe Härte, welche der des Kalkspaths gleich kommt. Chonikrit schmilzt v. d. L. $= 3,5-4$ mit Blasenwerfen, Pyrosklerit schmilzt $= 4$ ohne Blasenwerfen.

Mosandrit $\dot{S}i_{30}\overset{..}{T}i_{10}(\dot{C}e,\dot{L}a,\overset{.}{D}i)_{26}\dot{C}a_{19}\dot{N}a_3\overset{..}{H}_9$, Sp. von $\overset{..}{F}e,\dot{M}g,\dot{K}$; monosym.; spaltb. orthodiagon.; H.$_4$; G.$_{2.93-3.03}$ und *Katapleït*, $\dot{S}i,\dot{Z}r,\dot{N}a,\dot{C}a,\overset{.}{H}$; hexagon.; spaltb. prismat.; H.$_6$; G.$_{2.8}$. Mosandrit schmilzt anfangs mit einigem Blasenwerfen, dann ruhig $=2,5--3$ zu einem gelbbraunen Glase, Katapleït $=3$ ruhig zu einer weissen porzellanähnlichen Perle. Die verd. salzs. Lösg. von Katapleït färbt Curcumapapier orangegelb und gibt mit schwefels. Kali eingekocht ein Präc. von Zirkonerde. Man muss fast bis zur Trockne einkochen, dann wieder mit Wasser lösen. Mosandrit zeigt dieses Verhalten nicht.*)

Brewsterit $\dot{S}i_{54}\ddot{A}l_{15}\dot{S}r_9\dot{B}a_7\dot{C}a_1\overset{..}{H}_{14}$; monosym.; spaltb. klinodiagon.; H.$_{5-5.5}$; G.$_{2.1-2.2}$ schmilzt v. d. L. mit Schäumen und Aufblähen $=3$. Er unterscheidet sich

---

*) Der Titangehalt des Mosandrit verrät sich durch Kochen der salzs. Lösg. mit Stanniol; er kann nur gering sein, denn die so behandelte Lösg. zeigt nur eine schwach rötliche Färbung.

von ähnlichen Mineralien leicht dadurch, dass die verd. salzs. Aufl. mit Schwefels. einen in Säuren unauflöslichen Niederschlag gibt.

Stilbit (Heulandit) $\ddot{S}i_{59}\ \ddot{A}l_{17}\ \dot{C}a_9\ \dot{H}_{15}$; monosym.; spaltb. klinodiagon.; H.3.5-4; G.2.1-2.2; *Desmin* (Strahlzeolith) $\ddot{S}i_{58}\ \ddot{A}l_{16}\ \dot{C}a_9\ \dot{H}_{17}$, Sp. von $\dot{K}$, $\dot{N}a$; monosym.; spaltb. klinodiagon.; H.3.5-4; G.2.1-2.2; *Chabasit* $\ddot{S}i_{50}\ \ddot{A}l_{17}\ \dot{C}a_9\ \dot{K}_2\ \dot{H}_{21}$; rhomboëdr.; H.4-4.5; G.2.07-2.15 und *Prehnit* $\ddot{S}i_{44}\ \ddot{A}l_{25}\ \dot{C}a_{27}\ \dot{H}_4$; rhomb.; spaltb. bas.; H.6-7; G.2.8-3; blähen sich v. d. L. mehr oder weniger stark auf und schmelzen mit Krümmungen zu emailleähnlichen Massen.[*] Prehnit gibt im Kolben nur wenig Wasser. Die übrigen geben im Kolben viel Wasser. Ein ähnliches faseriges, kleinkugliches Mineral ist der **Mordenit* $\ddot{S}i_{68}\ \ddot{A}l_{13}\ \dot{C}a_4\ \dot{N}a_2\ \dot{H}_{13}$; schmilzt ohne Aufblähen.

Sapiolith (Meerschaum) $\ddot{S}i_{54}\ \dot{M}g_{24}\ \dot{H}_{21}$; H.2-2.5; G.0.99-1.28 unterscheidet sich von den vorhergehenden leicht, indem er weit strengflüssiger ist und begierig Wasser einsaugt. Der **Deweylit* (Gymnit) $\ddot{S}i_{41-46}\ \dot{M}g_{37-35}\ \dot{H}_{22-19}$; H.2-3; G.1.94-2.22, ist ebenfalls streng flüssig (5), amorph, von schwachem Wachsglanz, saugt kein Wasser ein.

*Sordawalit, ein Eisen-Aluminium-Magnesiumsilikat, gemengt mit Magnetit und anderen Substanzen. Schmilzt (2,5) ruhig zu einem dichten schwarzen glänzenden Glase. Von Salzs. etwas schwer zersetzt, die Lösg. gibt mit Ammoniak starkes grünlichgraues Präc.

b) V. d. L. kein oder nur Spuren von Wasser gebend (vgl. v. a Pektolith, Chonikrit und Prehnit).

Mancher *Lasurstein* bildet keine vollkommene Gallerte. Ist leicht an der lasurblauen Farbe kenntlich.

---

[*] Nach *Fischer* (Clavis der Silicate) schmilzt Desmin zu einem blasigen Glas. v. Kobell konnte am Schmelzprodukt ganz normaler Krystalle von Stilbit und Desmin keinen Unterschied finden.

Schorlomit $\ddot{S}i_{26} \ddot{T}i_{21} \ddot{F}e_{20} \dot{C}a_{29} \dot{F}e_2 \dot{M}g_1$; reg.; H. 7-7.5;
G. 3.78-3.86; pechschwarz; Strich grün und *Tschewkinit*
wesentlich $\ddot{S}i_{21} \ddot{T}i_{20} (\dot{C}e, \dot{L}a, \dot{D}i)_{45} \dddot{F}e_{11} \dot{C}a_3$ Sp. von $\dot{M}n$,
$\dot{M}g, \dot{K}, \dot{N}a$; H. 5-5.5; G. 4.5-4.55; schwarz; Strich dunkel-
braun schmelzen = 3—4, der erstere ruhig, der zweite
mit starkem Aufblähen zu einem schwarzen Glase oder
einer graulichen Masse. Schorlomit wird von Salzs.
etwas schwer zersetzt und scheidet die Kieselerde als ein
schleimiges Pulver ab. Die Aufl. mit Stanniol zur Konzentration eingekocht nimmt eine violette, beim Verdünnen rosenrote Farbe an. Tschewkinit wird von
konzentr. Salzs. leicht zersetzt und scheidet gelatinöse
Kieselerde aus, verhält sich mit Stanniol wie Schorlomit.
Dem Schorlomit ähnlich verhält sich der *Ivaarit*, der
vielleicht mit ihm zu vereinigen ist.

Wernerit (Skapolith), $\ddot{S}i, \ddot{A}l, \dot{C}a, \dot{N}a$; tetragon.; spaltb. prismat.; H. 5-5.5; G. 2.63-2.79 und *Porcellanit*, $\ddot{S}i, \ddot{A}l, \dot{C}a, \dot{N}a$,
Cl; H. 5.5; G. 2.67-2.69; beide rechtwinkelig spaltb.;
schmelzen v. d. L. anfangs = 2,5 unter Schäumen und
Leuchten zu einem weissen blasigen Glase, welches sich
nicht leicht vollkommen runden lässt. *Nuttalit*, *Glau-
kolith* und *Strogonowit* sind als mehr oder weniger um-
gewandelte Wernerite zu betrachten.

* *Wöhlerit* $\ddot{S}i_{28} \ddot{Z}r_{19} \ddddot{N}b_{14} \dot{C}a_{28} \dot{N}a_8 \dot{F}e_3$; monosym.; spaltb.
klinodiagon.; H. 5-6; G. 3.41; weissgelb, honiggelb, bräun-
lichrot. V. d. L. leicht schmelzbar = 3 zu einem licht-
grünen sehr blasigen Glase. Von Salzs. mit Ausscheidung flockiger Kieselerde zersetzt. Die salzs. Aufl., mit
Zusatz von Stanniol stark eingekocht, nimmt zuletzt eine
schön blaue Farbe an und gibt bei Zusatz von etwas
Wasser eine blau filtrierende Lösg. Diese Lösg. färbt
Curcumapapier orangegelb.

Labradorit $\ddot{S}i_{51-47} \ddot{A}l_{31-35} \dot{C}a_{14-47} \dot{N}a_{4-2}$; H. 6; G. 2.68-2.72

und *Anorthit* $\overset{.}{\text{Si}}$ 43 $\overset{.}{\text{Äl}}$ 37 $\overset{.}{\text{Ca}}$ 20; beide asym.; spaltb. bas.
und brachydiagon.; ersterer unter 93° 20′, letzterer unter
94° 10′; H. 6; G. 2.74; schmelzen v. d. L. ruhig zu einem
ziemlich dichten klaren Glase. Anorthit schmilzt schwerer
(4,5) als Labradorit (3,5). Labradorit zeigt auf den vollkommenen Spaltungsflächen zarte Streifung, auf den
weniger vollkommenen keine, und häufig Farbenwand-
lung von blau und grün, auch rot und gelb. Labradorit
wird von Salzs. nicht ganz vollständig zersetzt.

Auch mancher *Grossular* (Thonkalkgranat) $\overset{.}{\text{Si}}$ 40 $\overset{.}{\text{Äl}}$ 33 $\overset{.}{\text{Ca}}$ 27;
reg. wird von konzentr. Salzs. grösstenteils zersetzt.
Er schmilzt v. d. L. ruhig = 3.

Auch mancher *Sphen* wird von konzentr. Salzs. mit Ausscheidung von Kieselerde zerlegt. Die Auflösg. mit
Stanniol gekocht nimmt eine violette Farbe an.

Vgl. Danburit, welcher die Lötrohrflamme schön grün färbt.
Vgl. Tephroit, welcher dem Boraxglase eine amethystrote Farbe
erteilt.

5. **Es werden von Salzsäure nur wenig angegriffen und
erteilen v. d. L. dem Boraxglase eine starke Manganfarbe. Sie geben mit Phosphorsäure zur Syrupkonsistenz
eingekocht eine Masse, welche bei Piemontit unmittelbar
eine violette Farbe zeigt, bei den übrigen aber diese
Farbe durch Umrühren mit einem in Salpetersäure ge-
tauchten Glasstab annimmt.**

Karpholith, $\overset{.}{\text{Si}}$, $\overset{.}{\text{Äl}}$, $\overset{.}{\text{Fe}}$, $\overset{.}{\text{Mn}}$, $\overset{.}{\text{Fe}}$, $\overset{.}{\text{Mg}}$, 5 pCt. $\overset{.}{\text{H}}$; H. 5; G. 2.94;
faserig; strohgelb und *Ardennit* $\overset{.}{\text{Si}}$ 28 $(\overset{.}{\text{Äl}}\overset{.}{\text{Fe}})$ 24 $\overset{.}{\text{Mn}}$ 27
$\overset{.}{\text{Ca}}$ 2 $\overset{.}{\text{Mg}}$ 3 $\overset{..}{\text{V}}$ 9 $\overset{.}{\text{Äs}}$ 3 $\overset{.}{\text{H}}$ 5; rhomb.; spaltb. brachydiagon. und
prismat.; H. 6-7; G. 3.62-3.66; braungelb bis schwefelgelb;
dünnstengelig — dick faserig geben im Kolben Wasser.
Karpholith schmilzt 2,5—3; Ardennit 2.

Spessartin (Thonmangangranat) $\overset{.}{\text{Si}}$ 35 $\overset{.}{\text{Äl}}$ 14 $\overset{.}{\text{Fe}}$ 14 $\overset{.}{\text{Mn}}$ 35; reg.;
H. 6.5-7.5; G. 3.6-4.4; bräunlichrot. V. d. L. ruhig schmelz-
bar = 3.

Piemontit (Manganepidot) $\ddot{S}i_{37} \ddot{A}l_{16} \ddot{F}e_5 \ddot{M}n_{19} \dot{C}a_{23}$, Sp. von Mg.; monosym.; spaltb. bas. und makrodiagon. $(115^0 24')$ H. 6-7; G. 3.32-3.50; kirschrot-rötlichschwarz. V. d. L. mit Sprudeln schmelzbar $= 2—2,5$.

Rhodonit (Rother Mangankiesel) $\ddot{S}i_{46} \dot{M}n_{54}$; asym.; spaltb. nach 2 Richtungen unter $87^0 38'$; H. 5-5.5; G. 3.5-3.68; rosenrot, pfirsichblütenrot. V. d. L. ruhig schmelzbar $= 3$. Der ähnliche *Richterit* (Manganamphibol) spaltet unter 124^0.

6. Die noch übrigen Mineralien von II werden von Salzsäure nicht angegriffen oder nur unvollkommen zersetzt.

(Vgl. Pyrophylit, der sich stellenweise v. d. L. etwas rundet.)

.*Danburit* $\ddot{S}i_{49} \ddot{B}_{28} \dot{C}a_{23}$; rhomb.; H. 7-7.5; G. 2.99-3.02 schmilzt $= 3$ zu einer in der Hitze klaren, beim Erkalten trüb werdenden Perle und färbt die Flamme schön grün. Mit Schwefels. gekocht, bis die Säure verdampft ist, erteilt der Rückstand dem Weingeist die Eigenschaft, mit grüner Flamme zu brennen.

Scheelit $\ddot{W}_{81} \dot{C}a_{19}$; tetragon. pyramid. hemiëdr.; spaltb. pyramid.; H. 4.5-5; G. 5.9-6.2 schmilzt v. d. L. schwer $= 5$. Das Pulver ist in Salzs. mit Hinterlassung eines grünlichgelben oder zitrongelben Pulvers (von Wolframsäure) aufl. Mit Phosphors. bis zum anfangenden Verflüchtigen derselben eingekocht, gibt er nach dem Erkalten eine blaue Masse, welche mit Wasser eine farblose Lösg. gibt. Wird diese mit Eisenpulver anhaltend geschüttelt, so nimmt sie eine schön blaue Farbe an.

Lithionit (Zinnwaldit) $\ddot{S}i_{50} \ddot{A}l_{30} \dot{K}_9 \dot{L}i_{3-4} F_5 \dot{N}a_2$; monosym.; spaltb. bas.; H. 2.5; G. 2.82-3.19 schmilzt $= 2$, färbt die Flamme purpurrot, gibt im Kolben kein oder nur Spuren von Wasser.

Thermophyllit, $\ddot{S}i, \ddot{M}g, \dot{H}$ ... und *Margarit* (Emerylith), $\ddot{S}i, \ddot{A}l, \dot{C}a, \dot{H}$ Sp. von $\dot{N}a, \dot{K}, \dot{L}i, F$; monosym.; spaltb.;

spröde; H.$_{3.5-4.5}$; G.$_{2.99-3.1}$ sind wie der vorige glimmerartig. Thermophyllit bläht sich v. d. L. sehr stark auf und gibt im Kolben eine merkliche Menge Wasser (11 pCt.), Margarit ist ohne Aufblähen schmelzbar (4—4,5) und gibt wenig Wasser. Margarit wird von Schwefels. schwer zersetzt.

Vgl. Muskowit und Biotit.

Gümbelit, Si, Äl, Ḱ, Ḣ; kurzfaserig; H.$_1$; G.$_{2.8}$ bläht sich v. d. L. fächerförmig auf, schmilzt in dünnen Fasern, gibt im Kolben Wasser (7 pCt.). Von Salzs. und Schwefels. nicht angegriffen.

Petalit (Kastor) Si$_{78}$ Äl$_{18}$ Li Ṅ$_{4}$; monosym.; spaltb. bas.; H.$_{6.5}$; G.$_{2.4}$ und *Triphan* (Spodumen) Si$_{63}$ Äl$_{28}$ Li$_7$: monosym.; spaltb. prismat. (87°); H.$_{6.5-7}$; G.$_{3.13-3.19}$. Sie färben die Lötrohrflamme rot, besonders wenn man an ein Stückchen in der Pinzette saures schwefels. Kali anschmilzt, dieses einige Male wiederholt und beim Blasen die Perle etwas in der Flamme hin und her bewegt. Petalit schmilzt ruhig zu einem weissen Email, Triphan bläht sich etwas auf und bekommt feine Zweige, welche schnell zu einem klaren oder weissen Glase schmelzen. Der tief smaragdgrüne Spodumen wird *Hiddenit* genannt.

Leukophan, Si, Ċa, Ḃe, Ṅa, F; monosym.; spaltb. klinodiagon.; H.$_{3.5-4}$; G.$_{2.96-2.97}$ schmilzt leicht (unter 3) und ruhig zu einem durchsichtigen farblosen Glase. Phosphoresziert beim Erwärmen stark und anhaltend mit rötlich violettem Lichte; auch mit dem Hammer im Dunkeln geschlagen, werden die Stücke momentan mit einem rötlichen Schein erleuchtet.

Nohlit, N̈b, Ü, Ẏ, Ḣ, derb, schwarzbraun, starker Glasglanz, schmilzt schwer und gibt im Kolben Wasser (4½ pCt.), sonst im chem. Verhalten ähnlich dem Samarskit, vielleicht nur ein Zersetzungsprodukt desselben.

Diallag Ṡi $_{50-53}$ Ṁg $_{15-17}$ Ċa $_{18-22}$ Ḟe Ṁn $_{8-12}$ Äl $_{1-4}$; monosym.; spaltb. klinodiagon.; H. 4; G. 3.23-3.34 schmelzbar
= 3,5, ausgezeichnet durch metallähnlichen Perlmutterglanz.

Harmotom (Barytharmotom) Ṡi $_{48}$ Äl $_{16}$ Ḃa $_{20}$ Ḱ $_3$ Ḣ $_{15}$; monosym.; H. 4.5; G. 2.44-2.5 unterscheidet sich von den vorhergehenden und folgenden leicht dadurch, dass er vor
d. L. im Kolben eine merkliche Quantität Wasser gibt
und dass die partielle salzs. Aufl. von Schwefels. getrübt
wird und ein Präc. von schwefels. Baryt gibt. — Gewöhnlich wie der Kalkharmotom, in Zwillingskrystallen.

*Axinit Ṡi $_{48}$ B̈ $_6$ Äl $_{16}$ F̈e $_3$ Ḟe $_7$ Ṁn $_3$ Ċa $_{20}$ Ṁg $_2$ Ḣ $_1$; asym.;
spaltb. nach 2 Richtungen; H. 6.5-7; G. 3.29-3.3 und
Turmalin, Ṡi, Äl, Ḟe, Ṁn, Ḱ, Ṅa, L̇i, B̈; rhomboëdr.; H. 7-7.5;
G. 2.94-3.24. Sie erteilen, mit einem Gemenge von Flussspat und saurem schwefels. Kali zusammengeschmolzen,
der Löthrohrflamme eine vorübergehende grüne Färbung.*)
Axinit schmilzt leicht und mit starkem Aufwallen zu
einem glänzenden dunkelgrünen Glase. (Das feine Pulver
des geschmolzenen Axinits gelatiniert mit Salzs.) Tur-

---

*) Man sieht die Färbung bei guter Flamme am deutlichsten,
wenn man an den glühenden Platindraht das Gemenge von Flussspat und saurem schwefels. Kali durch Berührung (ohne darauf zu
blasen) anschmilzt und die Oberfläche des Flusses mit dem feinen
Mineralpulver bedeckt. Es zeigt sich dann die Färbung bei dem
ersten Zusammenschmelzen. Wenn man das feine Pulver von ge-
schmolzenem Axinit oder Turmalin mit Schwefels. digeriert, bis zu
einem Brei abdampft und dann Weingeist darüber anzündet, so brennt
er mit grüner Flamme. Wenn man (etwa 1 Gramm) feines Pulver
von Axinit oder Turmalin mit dem dreifachen Gew. von saurem
schwefels. Kali zusammenreibt und in einer kleinen Platinschale
schmilzt, bis die Schale rot glüht und man setzt dann eine kleine
Menge Weingeist zu, so brennt er beim Entzünden, besonders zuletzt,
mit deutlich grüner Flamme. (Die Schale wird durch Kochen in
verd. Salzs. gereinigt.)

malin zeigt in verschiedenen Var. verschiedenes Verhalten. Ein Teil schmilzt leicht und mit Aufwallen, zuweilen sich krümmend, zu einem weissen, auch grünlichgrauen, seltener schwarzen Glase; ein Teil ist sehr strengflüssig und einige (Lithionturmaline) sind unschmelzbar. — Der meiste Turmalin wird durch Erwärmen stark elektrisch, der Axinit nicht.

Diopsid $\ddot{S}i_{56}\dot{C}a_{26}\dot{M}g_{18}$ Sp. von $\dot{F}e$; farblos oder licht grünlich und graulich und *Augit* $\ddot{S}i_{50}\ddot{A}l_4\dot{C}a_{21}\dot{M}g_{14}\dot{F}e_{11}$; beide monosym.; spaltb. prismat. (87°); H. 5-6; G. 2.88-3.5; schwarz oder dunkelgrün.*) Sie sind schmelzbar = 3,5—4 teils ruhig, teils mit geringem Blasenwerfen, Diopsid zu einem weisslichen, Augit zu einem schwarzen Glase.

Tremolit (Grammatit), feinfaserige Var.: *Asbest* (Amiant), $\ddot{S}i_{58}\dot{M}g_{28}\dot{C}a_{13}$; farblos oder weiss in's Grünliche, Grauliche und *Amphibol* (Strahlstein, Hornblende), ca. $\ddot{S}i_{55}\dot{M}g_{12}\dot{C}a_{11}\dot{F}e_{21}$, oft bis 12 pCt. $\ddot{A}l$; monosym.; spaltb. prismat. 124°; H. 5-6; G. 2.9-3; grün, schwarz. Sie schmelzen = 3—4 mit Anschwellen und Kochen, Tremolit zu einem weissen oder wenig gefärbten, Amphibol zu einem schwarzen oder graulichen Glase. Der *Richterit* ist ein Maganhaltiger Tremolit; mit konz. Phosphors. eingekocht gibt er auf Zusatz von Salpeters. eine schön violette Masse. Dem Tremolit in der Mischung nahestehend ist der *Nephrit*, welcher dicht vorkommt. Bruch splittrig, H. 6. Grünlich. Fühlt sich etwas fettig an.

Sphen (Titanit) $\ddot{S}i_{31}\dddot{T}i_{41}\dot{C}a_{28}$; monosym.; H. 5-5.5; G. 3.4-3.6. V. d. L. schmilzt er = 3,5—4 mit einigem Aufwallen zu einem schwärzlichen Glase. Von konzentr. Salzs. wird er, meist unvollkommen, zersetzt. Die Aufl. mit

---

*) Ein Eisenkalk-Augit mit wenig Magnesia ist der *Hedenbergit* $\ddot{S}i_{48}\dot{C}a_{22}\dot{F}e_{29}$, $\dot{M}g$ Sp.

Stanniol gekocht nimmt allmählich eine violette Farbe an, die beim Verdünnen mit Wasser rosenrot wird. Leichter erhält man die salzs. Lösg., wenn man vorher das Probepulver mit konzentr. Schwefels. kocht und diese abraucht. Der *Guarinit ist dieselbe Verbindung mit rhombischer Krystallisation.

*Yttrotitanit, ca. $\ddot{S}i$ 30 $\ddot{T}i$ 28 $\ddot{A}l$ 6 $\ddot{\ddot{F}}e$ 7 $\dot{C}a$ 19 $\dot{Y}$ 5 $\dot{C}a$ $\overset{.}{M}g$ 1; monosym.; spaltb. pyramid. (138°); H. 6-7; G. 3.51-3.72 schmilzt nur unvollkommen an den Kanten mit lebhaftem Sprudeln zu einer schwärzlichen Masse. Von Salzs. wird er wenig angegriffen. Mit Kalihydrat geschmolzen und mit Salzs. behandelt reagiert die Lösg., nach Abscheidung der Kieselerde, mit Stanniol wie beim Sphen.

Orthoklas (Adular, Sanidin) $\ddot{S}i$ 65 $\ddot{A}l$ 18 $\dot{K}$ $\overset{.}{N}a$ 17; monosym.; spaltb. bas. und klinodiagon. (90°); H. 6; G. 2.56-2.59; Mikroklin, grüne Var.: Amazonenstein, chem. = Orthoklas; G. 2.54-2.57 und Albit (Periklin) $\ddot{S}i$ 69 $\ddot{A}l$ 19 $\overset{.}{N}a$ $\dot{C}a$ 12; H. 6-6.5; G. 2.61-2.63; beide asym.; spaltb. bas. und brachydiagon. (Mikroklin unter ca. 90° 30', Albit 93° 36'). Sie schmelzen ruhig, Orthoklas = 5, Albit = 4. Von Säuren, mit Ausnahme von Flusssäure, werden sie nicht angegriffen. Dem Albit sehr ähnlich, aber noch etwas leichter schmelzbar ist der Oligoklas, ca. $\ddot{S}i$ 62-66 $\ddot{A}l$ 24-23 $\dot{C}a$ 5-3 $\overset{.}{N}a$ $\dot{K}$ 9-10; G. 2.62-2.65. Er zeigt auf einer Spaltungsfläche gewöhnlich eine ausgezeichnete Zwillingsstreifung, wie der Labrador, welcher aber von Salzs. grossenteils zersetzt wird, was beim Oligoklas nicht der Fall ist. Der Kalkgehalt des Oligoklas ist nachweisbar, wenn man das feine Pulver mit Fluorammonium mengt und in einer Platinschale glüht, dann mit Salzs. kocht, mit Ammoniak versetzt und filtriert. Das Filtrat fällt mit oxals. Ammoniak die Kalkerde.

Dem Orthoklas sehr ähnlich, aber mit 15 pCt. $\dot{B}a$, ist der *Hyalophan monosym.; spaltb. bas.; H. 6-6.5; G. 2.8.

Nach dem Aufschliessen mit Kalihydrat, in Salzs. gelöst,
erhält man in der Lösung mit Schwefels. ein merkliches
Präc. von schwefels. Baryt.

Zoisit und *Pistazit* (Epidot) $\ddot{Si}_{36-40} \ddot{Al}_{18-29} \ddot{Fe}_{7-17} \dot{Ca}_{21-25}$
$\dot{H}_2$; ersterer rhomboëdr.; spalth. brachydiagon.; H.6;
G.3.23-3.36; weiss, graulich, graulichgelb; letzterer monosym.; spalth. bas. und orthodiagon. (115° 24'); H.6-7;
G.3.32-3.5; schwarzgrün, grün, gelb. Sie schmelzen vor
d. L. = 3 -3,5, mit Anschwellen und Schäumen zu
einer blasigen blumenkohlähnlichen oder schlackigen
Masse, welche von Zoisit weiss oder gelblich, von Pistazit
schwarz oder dunkelbraun ist. — Nach dem Schmelzen
werden sie mit Ausscheidung gelatinöser Kieselsäure von
Salzsäure zersetzt.

Grossular (Thonkalkgranat), $\dot{Ca}, \ddot{Al}, \ddot{Si}$; reg.; grün, gelblich; *Vesuvian* $\ddot{Si}_{37-39} \ddot{Al}_{13-16} \ddot{Fe} \ddot{Mn}_{4-9} \dot{Ca}_{33-37}$; tetragon.; H.6.5; G.3.34-3.44 und *Pyrop* $\ddot{Si}_{41} \ddot{Al}_{22} \dot{Mg}_{15} \ddot{Fe}_{10}$
$\dot{Ca}_5 \ddot{Cr}_4 \dot{Mn}_3$; reg.; H.7.5; G.3.4-4.3; blutrot. Grossular
und Vesuvian schmelzen = 3, der erste ruhig, der letztere
mit Aufschäumen; beide gelatinieren nach dem Schmelzen.
Pyrop schmilzt = 4,5 ruhig. Grossular wird von konzentr. Salzs. z. T. stark angegriffen; Pyrop wird von
Säuren nicht angegriffen und gibt v. d. L. mit Borax
ein chromgrünes Glas. — Der *Mongonit*, $\ddot{Si}, \ddot{Al}, \ddot{Fe}, \dot{Ca}$,
$\dot{Na}$ . . . gleicht einem dichten Grossular, gelatiniert aber
nicht nach dem Schmelzen und wird von Salzs. und
Schwefels. nicht zersetzt.

Aedelforsit $\ddot{Si}_{54} \ddot{Al}_{16} \ddot{Fe}_2 \dot{Ca}_8 \dot{H}_{12}$; H.6; G.2.6 (dem Laumontit nahestehend) und *Sphenoklas*, $\dot{Ca}, \dot{Mg}, \ddot{Fe}, \ddot{Al}, \ddot{Si}$
nahezu von der Härte 6. Sie werden von Säuren nicht
merklich angegriffen. Aedelforsit schmilzt = 4, ein-
zelne Blasen entwickelnd. Zeigt beim Erwärmen starke
Phosphoreszenz mit grünlichgelbem Lichte. Sphenoklas

schmilzt $= 3$ und vollkommen ruhig. Phosphoresziert mit schwach gelblichem Scheine.

Vgl. aus der folgenden Abteilung C Smaragd, Euklas, Cordierit, Biotit und Muscovit.

C. Unschmelzbar oder von dem Schmelzgrade über 5.

1. Es nehmen (einige nach vorhergegangenem Glühen und in Pulverform) mit Kobaltauflösung befeuchtet und geglüht eine schöne blaue Farbe an.

Bei den härteren, wasserfreien Mineralien, welche hieher gehören, zeigt sich die Farbe am deutlichsten, wenn man sie zu einem feinen Pulver zerreibt und dieses zuerst mit Phosphors. befeuchtet und durchglüht, dann mit Kobaltauflösg. befeuchtet und nochmals scharf glüht. Die Farbe erscheint erst nach dem Erkalten der Probe und ist nur beim *Tageslicht* deutlich zu sehen.

a) V. d. L. im Kolben viel Wasser gebend:

Alunit S̈ 39 K̇ 11 Äl 37 Ḣ 13; rhomboëdr.; spaltb. bas.; H. 3.5-4; G. 2.6-2.8 und *Aluminit* S̈ 23 Äl 30 Ḣ 47; H. 1; G. 1.8; weiss und undurchsichtig geben mit Soda auf Kohle geschmolzen Hepar, was bei den folgenden nicht der Fall ist. Aluminit ist in Salzsäure leicht auflösl. Alunit wird nicht merklich angegriffen. Aus dem geglühten Alunit wird von Wasser Alaun ausgezogen, welcher bei gelindem Abdampfen der Auflösg. in Oktaedern krystallisiert. Ein ähnliches Mineral ist der *Felsöbanyit* S̈i 17 Äl 44 Ḣ 39; rhomb.; H. 1.5; G. 2.33.

Dem Aluminit ähnlich verhält sich der *Pissophan* (von Reichenbach in Schlesien), S, F̈e, Ḣ; H. 2; G. 1.9-2; grünlich his leberbraun und durchscheinend, brennt sich aber teilweise schwärzlich und färbt die Flamme etwas grünlich.

Vgl. Kali- und Ammoniakalaun und Keramohalit, welche in Wasser auflösl., was bei den vorhergehenden nicht der Fall ist.

*Bleigummi, P̈, Ṗb, Äl, l̤i; H. 4-4.5; G. 6.3-6.4 schwillt v. d. L.
an und schmilzt halb bei strengem Feuer, ohne aber
zum Flusse zu kommen. Gibt mit Soda auf Kohle met.
Blei. In Salpeters. lösl., die Lösg. gibt mit molybdäns.
Ammoniak erwärmt ein gelbes Präc.

Calamin (Kieselgalmei) S̈i 26 Żn 68 l̤i 7; rhomb.; spaltb. prismat. und makrodomat.; H. 5; G. 3.35-3.5 bildet mit Salz.
vollkommene Gallerte. Nach Abscheidung der Kieselerde gibt die salzs. Aufl. mit Ammoniak ein Präc.,
welches in Ueberschuss wieder aufl. ist, aus der Lösg.
fällt Schwefelammonium ein weissliches Präc. von
Schwefelzink.

Wavellit P̈ 35 Äl 38 l̤i 26; rhomb.; H. 3.5-4; G. 2.3-2.5; *Evansit*
P̈ 18 Äl 40 l̤i 42: H. 3.5-4; G. 1.82-2.10; *Peganit* P̈ 31 Äl 45
l̤i 24; rhomb.; H. 3-4; G. 2.49-2.54; *Fischerit* P̈ 29 Äl 42
l̤i 29; rhomb.; H. 5; G. 2.46; *Berlinit*, P̈, Äl, l̤i 4; *Trolleit*,
P̈, Äl, l̤i 6 und *Zepharovichit*, P̈, Äl, l̤i 27; H. 5.5; G. 2.38
sind in Kalilauge grossenteils aufl. Wird die Aufl. mit
einem Ueberschuss von Salpeters. versetzt und mit molybdäns. Ammoniak gekocht, so erhält man ein gelbes Präc.
Eine ähnliche Verbindung ist der *Caeruleolactin* P̈ 37
Äl 39 l̤i 24; H. 5; G. 2.55-2.59.

Gibbsit (Hydrargillit) Äl 65 l̤i 35; monosym.; spaltb. bas.;
H. 2.5-3; G. 2.34-2.39; *Diaspor* Äl 85 l̤i 15; rhomb.; spaltb.
brachydiagon.; H. 6; G. 3.3-3.46; *Xanthophyllit* S̈i 17 Äl 44
Fe 2 Ca 13 Mg 18 l̤i 6; monosym.; spaltb. bas.; H. 4.5-6;
G. 3-3.1; wachsgelb und *Pholerit* (Nakrit) S̈i 47 Äl 39 l̤i 14;
rhomb.; spaltb. bas.; H. 0.5-1; G. 2.35-2.63; perlmutter-
glänzende Schuppen und Blättchen. Hydrargillit ist in
Kalilauge ziemlich leicht auflösl. Die übrigen sind in
Kalilauge nicht lösl.

Allophan S̈i 34 Äl 41 l̤i 35; H. 3; G. 1.8-2; *Halloysit* S̈i 41
Äl 35 l̤i 24; H. 1.5-2.5; G. 1.9-2.1; *Samoit*, S̈i, Äl, l̤i 30; H. 4;

blätterig und *Kollyrit* $\ddot{S}i_{14}\ddot{A}l_{46}\ddot{H}_{40}$; H. 1-2; G. 2-2.16*) werden von Salzs. mit Ausscheidung gelatinöser Kieselerde zerlegt. Allophan gelatiniert vollkommen und färbt die Löthrohrflamme gewöhnlich grün (von zufälligem Kupfergehalt).

Cimolit $\ddot{S}i_{63}\ddot{A}l_{24}\ddot{H}_{13}$ und *Porzellanerde* (Kaolin) $\ddot{S}i_{46}$ $\ddot{A}l_{40}\ddot{H}_{14}$; H. 1; G. 2.2 werden von Salzs. nur schwer angegriffen. Sie zeigen keine krystallinische Struktur. Porzellanerde fühlt sich fein, aber nicht fett, sondern etwas rauh an, und wird von Schwefels. zersetzt. Cimolit ist zähe, gibt beim Schaben Späne und wird von Schwefels. nur unvollkommen zersetzt. Hier schliessen sich die unreinen gewöhnlichen Thone (Argillite) an, welche mit Wasser gerieben einen Teig bilden und Thongeruch entwickeln; ferner manches sog. *Steinmark* mit 14 pCt. Wasser, der *Schrötterit* mit 36 pCt. Wasser, der *Miloschin* und *Bolus* mit 24-26 pCt. Diese bilden mit Wasser keinen Teig, die letzteren zerfallen darin mit Knistern.

Vgl. unter den folgenden Lazulith, Svanbergit, Pyrophyllit, Disterrit, Wörthit, Myëlin und Agalmatholith, welche im Kolben ebenfalls, aber nur wenig Wasser geben. Vgl. auch Ripidolith.

b) Vor dem Lötrohre im Kolben wenig oder kein Wasser gebend:

Alumian $\ddot{S}i_{61}\ddot{A}l_{39}$; H. 2.5-3; G. 2.77-2.89 gibt v. d. L. auf Kohle mit Soda Hepar, *Lazulith*, ca. $\ddot{P}_{43-45}\ddot{A}l_{33-34}$ $\ddot{F}e_{1-10}\ddot{H}_{6}$; monosym.; H. 5-6; G. 3-3.12 färbt die Löthrohrflamme schwach grünlich,**) bläht sich etwas auf, zerklüftet und zerfällt in kleine Stücke. Dabei verliert er seine blaue Farbe und wird weiss. Von Säuren wird

---

*) Es ist hiemit der zuerst unter diesem Namen von Klaproth analysirte Kollyrit vom Stephani-Schacht zu Schemnitz gemeint. Andere sog. Kollyrite, z. B. der von Weissenfels, gelatiniren nicht.

**) Deutlich, wenn er vorher mit Schwefelsäure befeuchtet wird.

er unmittelbar nicht angegriffen und die blaue Farbe nicht verändert. Mit Kalilauge erhält man eine partielle Lösg., welche mit Salpeters. stark angesäuert, mit molybdäns. Ammoniak beim Kochen das gelbe Präc. des phosphors. molybdäns. Ammon. gibt.

*Svanbergit $\ddot{P}_{18}\ddot{S}_{17}\ddot{A}l_{88}\dot{N}a_{18}\dot{C}a_{6}\ddot{F}e_{1}\dot{H}_{7}$; rhomb.; spaltb. bas.; H.4.5; G.2.57; gelb, gelblichbraun gibt auf Kohle mit Soda Hepar. Die partielle salpeters. Lösg. reagiert auf Phosphors., wie der Lazulith.

Willemit (Hebetin) $\ddot{S}i_{27}\dot{Z}n_{73}$; rhomboëdr.; spaltb. bas.; H.5.5; G.3.9-4.2 wird mit Kobaltaufl. v. d. L. blau und stellenweise grün. Gelatiniert mit Salzs. Die Lösg. gibt nach Abscheidung der Kieselerde mit Ammoniak ein im Ueberschuss lösl. Präc. Aus der ammoniakalischen Lösg. wird durch Schwefelammonium Schwefelzink gefällt.

Myëlin (Talksteinmark), $\ddot{A}l, \ddot{S}i, \dot{H}_{14}$; H.2.5-3; G.2.15-2.5; Agalmatolith, ca. $\ddot{S}_{55}\ddot{A}l_{33}\dot{K}_{7}\dot{H}_{5}$; H.2-3; G.2.8-2.9 und *Pyrophyllit, $\ddot{S}i_{59-66}\ddot{A}l, \dot{H}_{5}$; spaltb. montom: H.1; G.2.78-2.92. Pyrophyllit zerteilt sich v. d. L. fächerförmig zu einer aufgequollenen sehr voluminösen Masse, wobei er teilweise zerfällt und mit weissem Lichte leuchtet. Die übrigen sind v. d. L. unveränderlich. Myëlin wird von Säuren teilweise zersetzt, Agalmatolith wird nicht merklich angegriffen.

Muscovit (Zweiaxiger Glimmer) $\ddot{S}i_{46-52}\ddot{A}l_{35-26}\ddot{F}e_{2-5}\dot{F}e$ $\dot{M}n_{1-3}\dot{M}g\ddot{S}p_{-2}\dot{K}_{10-7}\dot{N}a_{2-1}\dot{H}_{3-5}$, Sp. von F, Ċa, Li; monosym.; spaltb. bas.; H.2-3; G.2.76-3.1. Die Blätter sind elastisch biegsam. Bläht sich v. d. L. nicht merklich auf und schmilzt in sehr dünnen Blättchen. Das Blau mit Kobaltauflösung ist nur stellenweise rein. Wird von Säuren nicht angegriffen.

*Disterrit (Brandisit) $\ddot{S}i_{19}\ddot{A}l_{39}\ddot{F}e_{3}\dot{F}e_{2}\dot{M}g_{20}\dot{C}a_{12}\dot{H}_{5}$; monosym.; spaltb. bas.; H.4.5-5; G.3.01-3.08. Frische

Blätter werden v. d. L. graulichweiss und trübe, dann
mit Kobaltaufl. befeuchtet und geglüht deutlich blau.
Von konzentr. Schwefels. zersetzt.

Andalusit (Chiastolith) $\ddot{S}i_{37} \bar{A}l_{63}$; rhomb.; spaltb. prismat.
($90°51'$); H. 7-7.5; G. 3.1-3.17 und *Disthen* chem. $=$ Andalusit; asym.; spaltb. nach zwei Richtungen unter ca. $106°$;
H. 5-7; G. 3.48-3.68 werden von Säuren nur wenig angegriffen. V. d. L. werden sie von Phosphorsalz zerlegt
und scheiden ein Kieselskelett aus. Die Chiastolith genannten Krystalle haben eine Zersetzung erlitten und
sind meist nur von der Hürte 5.5. Die dunkle Aus-
füllungsmasse besteht aus kohliger Substanz. Dem Andalusit nahestehend ist der *Sillimanit* (Wörthit, Mon-
rolith) chem. $=$ Andalusit; rhomb.; spaltb. makrodiagon.;
H. 6-7; G. 3.23-3.24.

Topas $\ddot{S}i_{33} \bar{A}l_{67} F_{17}$; rhomb.; spaltb. bas.; H. 8; G. 3.51-3.57
u. *Rubellit* (Lithionturmalin), $\ddot{S}i, \bar{B}, \bar{A}l, \dot{M}n, \dot{L}, \dot{K}$; rhomb.;
H. 7-7.5; G. 3.02-3.08. Sie werden von den gewöhnlichen
Säuren nicht oder nur wenig angegriffen, und sind vor
d. L. in Phosphorsalz nicht vollkommen aufl.; das Glas
opalisiert beim Abkühlen. Topas behält beim Glühen
seine Durchsichtigkeit und schwillt nicht an. In grössern
Stücken erhitzt brennen sich die gelben Var. weiss, beim
Erkalten aber nehmen sie eine Rosenfarbe an. Rubellit
wird weiss und schwillt an, manchmal zur schlackigen
Masse. Rubellit wird durch Erwärmen ziemlich stark
elektrisch, was beim Topas nur in einzelnen Var. der
Fall ist.

Korund (Sapphir blau, Rubin rot, Smirgel blaugrau-dunkel-
blau) $\bar{A}l$; rhomboëdr.; H. 9; G. 3.9-4 und *Chrysoberyll*
(Alexandrit) $\ddot{B}e_{20} \bar{A}l_{80}$; rhomb.; H. 8.5; G. 3.65-3.8 werden
von den gewöhnlichen Säuren nicht angegriffen, mit
Phosphorsäure bis zur anfangenden Verflüchtigung der-

selben erhitzt, wird das feine Pulver von Korund vollkommen aufgelöst, das von Chrysoberyll weniger. Die
Lösungen beider geben mit Kalilauge ein Präc., welches
sich in Ueberschuss wieder vollkommen löst. Sie sind
(als Pulver) v. d. L. in Phosphorsalz langsam, aber vollkommen aufl. und das Glas opalisiert nicht beim Erkalten.
Vgl. Spinell.

Auch von manchem Leucit wird das Pulver, mit Kobaltauflösung befeuchtet und geglüht, blau gefärbt. Seine Härte ist
nicht über 6. Ebenso nimmt mancher Kassiterit als Pulver mit
Kobaltauflösung befeuchtet und erhitzt eine bläuliche, auch grünliche Farbe an. Gibt mit Cyankalium auf der Kohle leicht Zinn-
kugeln.

Das Blau, welches feines Quarzpulver mit Kobaltauflösung
gibt, unterscheidet sich von dem der vorhergehenden Mineralien
durch einen Stich in's Rote und geringe Intensität.

2. Es nehmen, mit Kobaltauflösung befeuchtet und geglüht, eine grüne Farbe an.

Es genügt, die befeuchtete Probe zum Rotglühen zu
erhitzen.

Die hieher gehörenden Verbindungen von Zinkoxyd beschlagen mit Soda geschmolzen die Kohle mit einem, in der
Hitze gelben, beim Abkühlen sich bleichenden Rauch, welcher
mit Kobaltlösung befeuchtet und geglüht, eine grüne Farbe
annimmt.

Smithsonit (Zinkspath) $\dot{Z}n_{65}\ddot{C}_{35}$; rhomboëdr.; spaltb. rhom-
boëdr.; H.$_5$; G.$_{4.1-4.5}$ und **Hydrozinkit* (Zinkblüte)
$\dot{Z}n_{75}\ddot{C}_{14}\dot{H}_{11}$; G.$_{3.25}$ lösen sich in Salzs. leicht und mit
Brausen, unter Entwicklung von Kohlensäure, auf. Die
Aufl. gibt mit Ammoniak ein im Ueberschuss aufl. Präc.
Smithsonit gibt v. d. L. im Kolben kein oder nur wenig,
Hydrozinkit viel Wasser.

Willemit $\ddot{S}i_{27}\dot{Z}n_{73}$ und *Calamin* (Kieselgalmei) $\ddot{S}i_{26}\dot{Z}n_{68}$
$\dot{H}_7$ bilden mit Salzs. vollkommene Gallerte. Der letztere

gibt v. d. L. im Kolben Wasser, der erste nicht. Diese Zinksilikate werden v. d. L. mit Kobaltauflösung nur stellenweise grün und mehr blau. Vgl. p. 75 und 73.

Vgl. Zinkvitriol und Zinkblende. Vgl. Kassiterit.

3. Es reagieren nach dem Glühen alkalisch und färben ein angefeuchtetes Curcumapapier rotbraun (gerötetes Lakmuspapier blau).

Vgl. die Anmerkung p. 48.

Brucit) $\dot{M}g_{69} \ddot{H}_{31}$; rhomboëdr.; spaltb. bas.; H.2; G.2.3-2.4 *Hydromagnesit* $\dot{M}g_{44} \ddot{C}_{36} \ddot{H}_{20}$; monosym.; H.1.5-2; G.2.14-2.18 und *Hydromagnocalcit*, ein inniges Gemenge von Hydromagnesit und dolomitischen Kalk; geben vor d. L. im Kolben viel Wasser, was bei den folgenden nicht der Fall ist. Brucit löst sich in Salzs. leicht und ruhig, die beiden andern mit Brausen auf. Die konzentr. salzs. Lösung von Hydromagnesit gibt mit Schwefels. kein, die von Hydromagnocalcit ein starkes Präc. (von Gyps). Aehnlich wie der letztere verhält sich auch der *Predazzit* und *Pencatit*, welche Gemenge von Calcit und Brucit sind.

Dem Hydromagnesit ähnlich verhält sich der *Nemalith*, ein feinfaseriger Brucit mit 5 pCt. Fe und bis 10 pCt. Ü, wahrscheinlich z. T. in Hydromagnesit umgewandelt.

Calcit (Kalkstein) $\dot{C}a_{56} \ddot{C}_{44}$; rhomboëdr.; spaltb. rhomboëdr.; H.3; G.2.6-2.8 und *Aragonit* chem. wie Calcit; rhomb.; spaltb. brachydiagon.; H.3.5-4; G.2.9-3 brausen beide mit einem Tropfen Salzs. befeuchtet lebhaft und werden schon in grösseren Stücken, ohne Beihülfe der Wärme, aufgelöst. Die konzentr. Aufl. gibt mit Schwefels. ein Präc. von schwefels. Kalk, die stark verdünnte gibt damit

---

*) Ein Mangan-Brucit ist der *Pyrochroit*, verhält sich ähnlich wie Brucit, gibt aber mit konzentr. Phosphorsäure gekocht, auf Zusatz von Salpetersäure eine violettrote Flüssigkeit. Vgl. Psilomelan.

keinen Niederschlag. Der Aragonit zerbröckelt v. d. L.
und zerfällt, der Calcit verknistert manchmal, zeigt aber
nicht das Zerfallen des Aragonits.

> Vgl. Strontianit. Mancher Phosphorit ist mit Calcit verunreinigt.

Dolomit (Bitterkalk), $\dot{\text{Mg}}\ddot{\text{C}}, \dot{\text{Ca}}\ddot{\text{C}}$ in wechselnden Verh.,
Normaldolomit $\dot{\text{Mg}}\ddot{\text{C}}_{46}\dot{\text{Ca}}\ddot{\text{C}}_{54}$; rhomboëdr.; spaltb. rhomboëdr.; H.$_{3.5-4.5}$; G.$_{2.85-2.95}$ u. *Magnesitspat* $\dot{\text{Mg}}_{48}\ddot{\text{C}}_{52}$;
rhomboëdr.; spaltb. rhomboëdr.; H.$_{4-4.5}$; G.$_{2.9-3.1}$; der
dichte Magnesit H.$_{3-5}$; G.$_{2.85-2.95}$. Sie brausen mit
Salzs. befeuchtet nicht, als Pulver lösen sie sich bei
Einwirkung der Wärme mit Brausen auf, Magnesit viel
schwerer als Dolomit. Die konzentr. Auflösg. des Dolomits gibt mit Schwefels. ein Präc. von schwefels. Kalk,
die des Magnesits gibt keinen Niederschlag. Der Magnesit
löst sich auch in Schwefels. vollkommen oder grösstenteils auf, der Dolomit nur z. T.*)

> Vgl. die nächstfolgenden.

Strontianit $\dot{\text{Sr}}_{70}\ddot{\text{C}}_{30}$; rhomb.; H.$_{3.5}$; G.$_{3.6-3.8}$ und *Barytocalcit* $\dot{\text{Ba}}\ddot{\text{C}}_{66}\dot{\text{Ca}}\ddot{\text{C}}_{34}$; monosym.; spaltb. pyramid.;
H.$_4$; G.$_{3.63-3.66}$ sind von den vorhergehenden leicht zu
unterscheiden, indem sie in kleinen Stücken mit konzentr.
Salzs. übergossen, nicht oder nur vorübergehend brausen,
auf Zusatz von etwa dem doppelten Vol. Wasser aber das
Brausen lebhaft mit der Auflösg. stattfindet. Auch die
stark verdünnte Aufl. gibt mit Schwefels. ein Präc., bei
Barytocalcit sogleich, bei Strontianit nach einiger Zeit.
Strontianit bekommt v. d. L. im starken Feuer kleine
Aeste, welche mit blendend weissem Scheine leuchten und

---

*) Dem Dolomit ähnlich verhält sich der *Braunspat* Dolomit
mit 5-20 pCt. Eisencarbonat, welcher beim Glühen schwarz und gewöhnlich schwach magnetisch wird. Vgl. auch Siderit Eisenspat
und Dialogit (Manganspat), welche nach dem Glühen in manchen
Varietäten alkalisch reagieren.

die Flamme schön purpurrot färben. Barytocalcit färbt dagegen die Flamme schwach gelblich-grün und nimmt selbst eine grüne Farbe an.

Vgl. Ytrocerit. Vgl. Talk und Muscovit, welche nach dem Glühen in einzelnen Var. alkalisch reagieren. Vgl. Wad.

4. **Es werden von Salzsäure oder, wo diese nicht wirksam, von Salpetersäure vollkommen oder grösstenteils aufgelöst, ohne zu gelatinieren oder einen bedeutenden Rückstand von Kieselerde zu hinterlassen.**

*Lithiophorit, $\ddot{M}$n,$\ddot{F}$e,$\ddot{A}$l,$\dot{C}$o,$\dot{C}$u Li,K.$\dot{H}$; H.$_{3-3.5}$; G.$_{3.14-3.86}$ blauschwarz, färbt die Lötrohrflamme karminrot.

*Ludwigit, $\ddot{F}$, $\dot{F}$, $\ddot{M}$g, $\ddot{B}$. (vgl. p. 41) schwer schmelzbar, mit Schwefelsäure und Weingeist die Reaktion auf Borsäure gebend. Schwarz.

*Cervantit $\ddot{S}$b, Sb$_{79}$ O$_{21}$; rhomb.?; H.$_{4-5}$; G.$_{4.08}$; gelblich v. d. L. auf Kohle unschmelzbar, mit Soda leicht zu Antimon reduzierbar.

Aehnlich der *Stiblith Sb$_{75}$ O$_{20}$ $\dot{H}$$_5$; H.$_{5.5}$; G.$_{5.28}$;gelb, welcher im Kolben Wasser gibt.

Siderit (Eisenspat) $\dot{F}$e$_{62}$ $\dot{C}$$_{38}$; H.$_{3.5-4.5}$; G.$_{3.7-3.9}$., *Mesitin (Mesitinspat) $\dot{M}$g $\dot{C}$$_{58}$, $\dot{F}$e$\dot{C}$$_{42}$; G.$_{3.3-3.4}$ Dialogit (Manganspat) $\dot{M}$n$_{62}$ $\dot{C}$$_{38}$; H.$_{3.5-4.5}$; G.$_{3.3-3.6}$; alle rhomboëdr. spaltb. rhomboëdr. und *Nickelsmaragd $\dot{N}$i$_{59}$ $\dot{C}$$_{12}$ $\dot{H}$$_{29}$; H.$_3$; G.$_{2.57-2.69}$ sind in Salzsäure bei Einwirkung der Wärme mit Brausen, unter Entwicklung von Kohlensäure auflöslich. Die folgenden brausen nicht. Siderit, Mesitin und Nickelsmaragd brennen sich v. d. L. sogleich schwarz oder grau und werden vom Magnet gezogen. Nickelsmaragd ist durch seine grüne Farbe leicht kenntlich, sowie dadurch, dass die salzs. Aufl. sich durch einen Ueberschuss von Ammoniak licht kornblau färbt. Siderit verknistert in den meisten Var. sehr stark. Dem Boraxglase erteilt er eine bouteillengrüne Farbe. Die

salpeters. Aufl. von Mesitin gibt, nach Präc. des Eisenoxyds durch Ammoniak, mit oxals. Ammoniak kein,
mit phosphors. Natron und Ammoniak aber noch ein
starkes Präc.; die Aufl. von Siderit gibt mit den letzt-
genannten Reagentien keine oder nur geringe Niederschläge. — Dialogit brennt sich v. d. L grau oder schwarz,
wird manchmal magnetisch. Das Boraxglas färbt er im
Oxydationsfeuer stark amethystrot.

Dem Siderit ähnlich verhält sich der *Ankerit*, ca. Ċa Ö 50
Fe Ö 32-35, Mg Ö 8-16, Mn Ö 3-5; rhomboëdr.; spaltbar
rhomboëdr.; H.3.5-4; G.2.95-3.1, dessen salpetersalzs. Lösg.
nach Füllung des Eisenoxyds mit Ammoniak, im Filtrat
mit oxals. Ammoniak ein starkes Präc. gibt.

Völknerit (Hydrotalkit), ca. Mg 36-38 Äl. Fe 12-19 H 33-42
Ö 3-11; hexagon.; spaltb. bas.; H.2; G.2.04-2.09 gibt im
Kolben viel Wasser. Wird im Reduktionsfeuer nicht
magnetisch. Das Pulver braust anfangs mit Salzs. und
löst sich dann vollkommen auf. Neutralisiert man die
saure Lösg. mit doppelt kohlens. Natron und bringt das
Präc. auf's Filtrum, so erhält man im Filtrat mit oxals.
Ammoniak kein, mit phosphors. Natron und Ammoniak
aber ein starkes Präc.

Parisit Ce 43 Di 10 La 8 Ċa 3 Ca F 10 Ce F 2 Ö 23; hexagon.;
spaltb. bas.; H.4-5; G.4.35 ist in Salzs. langsam und
mit Brausen aufl. Die nicht zu saure Lösg. gibt mit
Oxalsäure ein weisses Präc., welches beim Glühen ziegelfarben wird.

Göthit Fe 90 H 10; rhomb.; spaltb. brachydiagon.; H.5-5.5;
G.3.8-4.2; hyazinthrot, auch braun und schwärzlichbraun
und *Limonit* (Brauneisenerz) Fe 86 H 14; *) H. 5-5.5;

---

*) Das Eisenoxydhydrat in Form von Pyrit kommt chemisch mit
Göthit überein. Der gelbe Thoneisenstein, das Bohnerz, die Eisen-
niere, das Sumpferz etc. sind Gemenge von Limonit, Thon, Sand.

G. $_{3.4-3.96}$; faserig und dicht, werden v. d. L. im Reduktionsfeuer erhitzt, schwarz und magnetisch; im Kolben geben sie Wasser. In konzentr. Salzs. sind sie langsam und ohne Brausen aufl. Die Aufl. gibt mit Ammoniak ein braunrotes Präc. Die Strichfarbe beider ist ockergelb.

Der *Hydrohämatit* (Turgit) $\ddot{F}e_{95} \ddot{H}_5$; H.$_5$; G.$_{3.54-3.74}$ hat ein braunrotes Pulver und verliert beim Glühen $_5$ pCt. Wasser; der Hämatit, in manchen Var. ohne Metallglanz und auch von rotem Strich, gibt kein oder nur Spuren von Wasser.

Sphalerit (Zinkblende) $Zn_{67} S_{33}$; reg. tetraëdr. hemiëdr.; spaltb. dodekaëdr.; H.$_{3.5-4}$; G.$_{3.9-4.2}$; *Marmatit* ist Zinkblende mit $_{23}$ pCt. Schwefeleisen und *Greenockit* $Cd_{78} S_{22}$; hexagon.; spaltb. prismat. und bas.; H.$_{3-3.5}$; G.$_{4.8-4.9}$ entwickeln mit Salzs. gekocht Schwefelwasserstoffgas (mit Eisenpulver gemengt, schon in gewöhnlicher Temperatur) und geben v. d. L. mit Soda Hepar, wobei Greenockit die Kohle mit einem braunroten Ring von Cadmiumoxyd beschlägt, die übrigen gelblichen Zinkbeschlag geben. Konzentr. Salpeters. löst sie mit Ausscheidung von Schwefel auf. Ammoniak bringt ein Präc. hervor, welches bei Sphalerit und Greenockit grösstenteils im Ueberschuss wieder auflöslich ist, bei Marmatit aber eine merkliche Menge Eisenoxyd zurücklässt. Die ammoniakalische Flüssigkeit gibt mit Schwefelammonium ein starkes weissliches Präcipitat von Schwefelzink, bei Greenockit ein gelbes von Schwefelkadmium.

---

phosphorsaurem Kalk und Eisenoxyd etc. Sie sind gewöhnlich schmelzbar, manchmal sehr leicht und werden von Salzsäure mit Ausscheidung von Thon etc. aufgelöst. Der *Anthosiderit* von Antonio Pereira ist ein Gemenge von Magnesiaglimmer und Fibrolith (dem Disthen ähnliches Mineral). Die bei der Zersetzung mit Salzsäure ausgeschiedene Kieselerde verhält sich gegen Kalilauge wie Quarzpulver.

Wad, $\ddot{M}$n, $\dot{M}$n $\dot{B}$a, $\dot{C}$a, $\dot{K}$, $\dot{H}$ 10-15; H. 1-3; G. 2.3-3.7; braun und
Zinkit $\dot{Z}$n, Sp. $\ddot{M}$n bis 8-12 pCt.; H. 4-4.5; G. 5.4-5.7; rot,
Pulver tief orangegelb reagieren v. d. L. mit Borax stark
auf Mangan. Sie geben mit konzentr. Phosphors. gekocht violette Lösungen.

Vgl. Psilomelan (ist von grauer Farbe). Vgl. Pyrochroit und
den folgenden Asbolan.

Asbolan (Erdkobalt), $\dot{C}$o 19-20, $\ddot{M}$n, $\dot{H}$21, Sp. von $\dot{C}$u, $\dot{B}$a, $\dot{K}$
gibt v. d. L. mit Borax ein schön saphirblaues Glas,
mancher ein amethystrotes. Von Wad und ähnlichen
Manganverbindungen ist der Asbolan durch die smaragdgrüne Farbe seiner konzentr. salzs. Lösg. zu unterscheiden,
welche Farbe die Manganlösungen nicht haben. Riecht
in manchen Var. auf Kohle schwach nach Arsen. Mit
Phosphors. bis zum dicken Syrup eingekocht gibt er eine
violblaue und auf Zusatz von Wasser ein violettrote Lösg.,
welche sich, mit Eisenvitriol geschüttelt, rosenrot färbt.
(Mancher Erdkobalt schmilzt.)

Nasturan (Uranpecherz) $\dot{U}$ $\dddot{U}$ 80, Rest Verunreinigungen
von Pb, Fe, As, $\dot{C}$a, $\dot{M}$g, $\ddot{S}$i, $\dot{B}$i, $\dot{H}$; reg.; H. 3-4(5-6); G. 4.8-5.5
(7.9-8); pechschwarz und *Zippëit* (Uranocker), $\dddot{U}$, $\ddot{S}$, $\dot{H}$;
gelb, geben v. d. L. mit Phosphorsalz im Oxydations-
feuer ein gelbes, im Reduktionsfeuer ein schön grünes
Glas. In Salpeters. sind sie zu einer gelben Flüssigkeit
aufl., worin Ammoniak ein schwefelgelbes Präc. hervorbringt, beim Zippëit gibt auch salpeters. Baryt in der
saueren Lösg. ein Präc. von schwefels. Baryt. Mancher
unreine Uranocker ist schmelzbar.

Kalait, $\dddot{P}$, $\ddot{A}$l, $\dot{H}$, $\dot{C}$u; H. 6; G. 3.62-2.8; himmelblau und grün
färbt die Lötrohrflamme grün und mit Salzs. befeuchtet
vorübergehend blau. Ist in Kalilauge grösstenteils aufl.
mit Hinterlassung eines braunen kupferhaltigen Rückstandes. Die Lösg. reagiert auf Phosphors. wie beim
Wavellit angegeben. Gibt im Kolben viel Wasser.

84

Apatit, $\dot{C}a, \overset{...}{\overset{..}{P}}, Cl, F$; hexagon. pyramid. hemiëdr.; H. 5;
G. 3.16-3.22 schmelzbar = 5, in Salpeters. lösl. und auf
Phosphors. reagierend, wie früher angegeben. Die nicht
zu sauere Lösung gibt mit oxals. Ammoniak ein Präc.
von oxals. Kalk. Gibt v. d. L. im Kolben kein Wasser.

*Monazit, $\dot{C}e, \dot{L}a, \dot{T}h, \overset{...}{P}$; monosym.; spaltb. bas.; H.5-5.5;
G.4.9-5.25, unschmelzbar, färbt als Pulver mit Schwefels.
befeuchtet und in einem engen Oehr eines Platindrahts
erhitzt die Lötrohrflamme grünlich. In Salzs. schwer
aufl. Wird das Pulver mit Kalihydrat geschmolzen und
die Masse mit Wasser ausgelaugt und filtriert, so gibt
das mit Salpeters. angesäuerte Filtrat mit molybdäns.
Ammoniak ein gelbes Präc. Der Rückstand vom Auslaugen gibt mit Salzs. eine Lösg., die, nicht zu sauer,
mit Oxals. ein starkes Präc. gibt, welches sich, im Platinlöffel geglüht, ziegelrot färbt (Ceroxyd). Bis jetzt nur
in kleinen tafelförmigen Krystallen von rötlich-brauner
oder gelblicher Farbe vorgekommen.

*Childrenit, $\overset{..}{A}l, \dot{F}e, \dot{M}n, \overset{...}{P}, \dot{H}$; rhomb., H. 4.5-5; G.3.25-3.28
frittet v. d. L. nur auf der Oberfläche und wirkt nach
dem Glühen im Reduktionsfeuer auf die Magnetnadel.
Mit Schwefels. befeuchtet färbt er die Lötrohrflamme
grünlich. In Salz. schwer aufl. Die partielle Lösg. gibt
mit molybd. Ammoniak erwärmt, ein gelbes Präc.

*Polykras, $\overset{...}{N}b, \overset{..}{T}i, \dot{Y}, \dot{E}r, \dot{C}e, \dot{U}, \dot{F}e, \dot{H}$; rhomb.; H.5-6;
G.5-5.15; schwarz; Strich graulichbraun. V. d. L. ver-
knisternd, wenn er rasch erhitzt wird, unschmelzbar und
unveränderlich. Wird das Pulver mit Kalihydrat geschmolzen, die Masse mit Wasser gelöst und filtriert, so
entsteht beim Neutralisieren des Filtrats mit Salzs. ein
Präc., welches mit einem Ueberschuss von konz. Salzs.
und mit Stanniol gekocht eine bläuliche trübe Flüssig-

keit gibt, die sich mit wenig Wasser klärt und blau filtriert. Diese Lösg. färbt Curcumapapier orangegelb.

*Fluocerit, Ce, F; hexagon.; H.4-5; G.4.7: blauziegelrot, gelb und *Bastnäsit (Hamartit), Ce, La, F, Di, C, H; hexagon.; H.4-4.5; G.5-5.18; gelb, rötlichbraun, entwickeln mit konzentr. Schwefels. Flusssäure, Bastnäsit zugleich Kohlensäure.

Aehnlich verhält sich der *Yttrocerit, F, Ca, Ce, Y, H; H.4.5; G.3.4-3.6 unvollkommen spaltbar nach einem tetragonalem Prisma.

5. Es bilden mit Salzsäure eine Gallerte oder werden mit Ausscheidung von Kieselerde zersetzt, ohne zu gelatinieren.
— Zeigen nicht die Kennzeichen der vorhergehenden Nummern.

a) V. d. L. im Kolben Wasser gebend:

*Dioptas $\ddot{S}i_{38} \dot{C}u_{50} \dot{H}_{11}$; rhomboëdr. tetartoëdr.; spalth. rhomboëdr.; H.5; G.3.27-3.35; Chrysokoll (Kieselmalachit) $\ddot{S}i_{34} \dot{C}u_{45} \dot{H}_{21}$; H.2-3; G.2-2.3; *Cyanochalcit, $\ddot{S}i, \dot{C}u, \ddot{P}$, $\dot{H}_{16}$ und *Asperolith $\ddot{S}i_{32} \dot{C}u_{41} \dot{H}_{27}$; H.2.5; G.2.31. Cyanochalcit hat eine lasurblaue Farbe, die übrigen sind grün z. T. blaugrün, der Chrysokoll auch himmelblau. Sie geben v. d. L. mit Soda unter Brausen ein Glas, welches ein geschmeidiges Kupferkorn einschliesst. Dioptas bildet mit Säuren eine vollkommene Gallerte, Chrysokoll, Cyanochalcit und Asperolith werden zersetzt, ohne zu gelatinieren. Wird das Pulver dieser Mineralien mit Kalilauge gekocht, so erhält man eine saphirblaue Flüssigkeit und das Pulver wird bräunlich; bei weiteren Kochen nimmt die blaue Farbe der Lauge wieder ab und das Pulver wird braunschwarz. In der filtrierten Lösung fällt Salmiak (in hinreichender Menge zugesetzt) weisses Kieselerdehydrat.

Uranotil $\ddot{S}i_{14}\ddot{U}_{67}\dot{C}a_5\dot{H}_{13}$ Sp. von $\ddot{P}$, $\bar{A}l$; $G._{3.96}$; nadelförmige Krystalle; citrongelb, beim Glühen schwarz werdend. Die salzs. Lösg. gibt nach Abscheidung der Kieselerde mit Ammoniak ein schwefelgelbes Präc.

Xonolit, $\dot{C}a$, $\ddot{S}i$, $\dot{H}_4$ (nach Rammelsberg unschmelzbar), $G._{2.71-2.72}$. Die salzs. Lösg. nach Abscheidung der Kieselerde gibt mit Ammoniak kein, mit oxals. Ammoniak ein starkes Präc. Dicht, scheint mit Quarz innig gemengt.

Thorit $\ddot{T}h_{13}\ddot{S}i_{17}\dot{H}_{10}$, verunreinigt durch $\dot{C}a$, $\ddot{F}e$, $\ddot{M}n$, $\ddot{U}$ etc.; tetragon.; $G._{4.4-4.7}$; schwarz; Strich dunkelbraun; *Orangit* $\ddot{T}h_{15}\ddot{S}i_{17}\dot{H}_8$; $H._{4.5}$; $G._{5.19-5.40}$; pomeranzengelb und *Cerit* $\ddot{S}i_{20}\ddot{C}e(\dot{L}a,\ddot{D}i)_{73}\dot{H}_8$; hexagon.; $H._{5.5}$; $G._{4.9-5}$; schmutzig rötlichgrau; Strich weiss geben mit Soda kein Kupferkorn und gelatinieren.*) Die Lösg. des Cerits gibt, (nicht zu sauer) mit Oxals. ein weisses Präc., welches im Platinlöffel geglüht ziegelfarben wird (Ceroxyd).

Chloropal $\ddot{S}i_{46}\ddot{F}e_{40}\dot{H}_{14}$; $H._{2.5-4.5}$; $G._{2.1-2.2}$ (Nontronit $\ddot{S}i_{43}\ddot{F}e_{36}\dot{H}_{21}$); *Wolkonskoit*. $\ddot{S}i$, $\bar{A}l$, $\ddot{C}r$, $\dot{H}$ von sehr wechselnder Zusammensetzung und *Röttisit*, ca. $\ddot{S}i_{44}$ $\dot{N}i_{36}\dot{H}_{11}$, $\bar{A}l$, $\ddot{F}e$, $\ddot{P}$, $\ddot{A}s$; *Nickelgymnit* (Genthit) $\ddot{S}i_{35}$ $\dot{N}i_{19}\dot{M}g_{15}\dot{H}_{21}$ sind amorph. und von grüner Farbe, Wolkonskoit dunkel lauchgrün, die übrigen gelblich grün. Wolkonskit gibt v. d. L. mit Borax ein smaragdgrünes Glas, welches sich beim Erkalten nicht bleicht, Chloropal ein grünes Glas, welches sich beim Erkalten bleicht, Röttisit ein braunes Glas. Wird das grüne Pulver mit Kalilauge übergossen, so färbt es sich bei Chloropal sogleich (ohne Kochen) schwärzlich, bei Röttisit wird die

---

*) Die Gallerte von Cerit mit ziemlich verdünnter Salzsäure ist etwas weich, mit einer etwas starken Salzsäure gibt er nur eine gallertähnliche Masse.

Farbe erst beim Kochen und bei starker Konzentration
in's Braune verändert, bei Wolkonskoit wird sie nicht
merklich verändert. Die salzs. Lösg. von Röttisit färbt
sich mit Ammoniak in Ueberschuss himmelblau.

Thraulit (Hisingerit) $\ddot{S}i_{39-31} \bar{F}e_{39-43} \dot{F}e_{2-6} \dot{H}_{22-19}$; H.$_{3,5-4}$;
G.$_{2,6-3}$; bräunlichschwarz-pechschwarz, spröd, zerbrech-
lich und *Xylotil* (Bergholz) $\ddot{S}i_{56} \bar{F}e_{19} Mg_{15} \dot{H}_{10}$; G.$_{1,5-2,56}$;
holzbraun in faserigen zähen holzähnlichen Massen. Sie
werden nach längerem Glühen oder nach dem Schmelzen
v. d. L. im Reduktionsfeuer magnetisch. Sie werden von
Salzsäure leicht zersetzt, ohne vollkommene Gallerte zu
bilden. Die Aufl. von Xylotil gibt, nach Fällung des
Eisenoxyds mit Aetzammoniak, mit phosphorsaurem Natron und Ammoniak noch ein starkes Präcipitat, die von
Thraulit keines.

Sapiolith (Meerschaum), $\dot{M}g, \ddot{S}i, \dot{H}_{10}$; H.$_{2-2,5}$; G.$_{0,99-1,28}$
ist sehr leicht. V. d. L. brennt er sich weiss und
schrumpft zusammen. Von Salzs. wird er leicht zu einer
gallertähnlichen Masse zerlegt. Saugt begierig Wasser ein.

Bastit (Schillerspat), $\ddot{S}i, \dot{M}g, \dot{F}e, \ddot{A}l, \dot{H}$; spaltb. nach einer
Richtung; H.$_{3,5-4}$; G.$_{2,6-2,8}$ und *Chrysotil* $\ddot{S}i_{43} \dot{M}g_{43}$
$\dot{H}_{13}$; G.$_{2,2-2,6}$ zeigen einen metallähnlichen schillernden
Perlmutterglanz, der erste auf einer Spaltungsfläche, der
Chrysotil auf den faserigen Massen, die er bildet. Mancher
Chrysotil zeigt Seidenglanz. V. d. L. brennt sich der
Bastit braun, der Chrysotil weiss. Beide werden von
konzentr. Salzs., leichter von Schwefels. ohne Gallert-
bildung zersetzt. Glühverlust ca. 12 pCt. Dem Chrysotil
ähnlich (von schwachem Seidenglanze) ist der derb- und
feinfaserig vorkommende *Metaxit*. Er ist grünlichweiss,
der meiste Chrysotil graulichgrün oder gelblichgrün.

Kerolith $\ddot{S}i_{39} \ddot{A}l_{12} \dot{M}g_{18} \dot{H}_{31}$; H.$_{2-3}$; G.$_{2,3-2,4}$; amorph.
Nimmt v. d. L. mit Kobaltlösung befeuchtet und ge-
glüht eine blass fleischrote Farbe an.

Serpentin $Si_{43} Mg_{43} H_{13}$; H.3-4; G.2.5-2.7 wird von konzentr. Salzs. ohne Gallertbildung zersetzt. Gewöhnlich derb und dicht. Aehnlich verhalten sich nachstehende wasserhaltige Talksilikate, welche aber krystallinische Textur zeigen: *Pikrophyll* $Si_{50} Mg_{30} Fe_7 H_{10}$ Sp. von Äl, Ca; rhomb.?; spaltb. monotom; H.2.5; G.2.73; *Pikrosmin* $Si_{50} Mg_{37} H_8$; rhomb.; spaltb. brachydiagon.; H.2.5-3; G.2.5-2.7; *Marmolith* $Si_{40-42} Mg_{41-39} Fe_{3-1} H_{16-17}$; monosym.; spaltb. nach zwei Richtungen; H.2.5-3; G.2.44-2.47 sämmtliche grünliche oder graugrünliche Farben zeigend; *Kämmererit**) $Si_{31} Äl_{16} Ër_5 Mg_{33} Fe_3 H_{12}$; Var. des Pennin; hexagon. rhomboëdr.; spaltb. bas.; H.1.5-2; G.2.62-2.76; karmoisinrot. Mit dem Kämmererit kommt chemisch der *Kotschubyit* überein, monosym.; spaltb. bas.; H.2; G.2.65. Sie unterscheiden sich optisch, da jener einaxig, dieser zweiaxig.

Antigorit $Si_{41-43} Mg_{36} Fe_{6-7} Äl_{3-1} H_{12}$; dünnschieferig, spaltb. in einer Richtung; H.2.5; G.2.62; *Monradit* $Si_{55} Mg_{32} Fe_9 H_4$; krystallinisch-blätterige und körnige Aggregate; spaltb. nach zwei Richtungen (ca. 130°); H.6; G.3.27; *Neolith*, ca. $Si_{48-52} Mg_{28-31} Äl_{7-10} H_{4-6}$ Sp. von Fe, Mn; H.1; G.2.77; geschmeidig wie Seife anzufühlen und *Clintonit* $Si_{19} Äl_{40} Fe_2 Mg_{21} Ca_{13} H_5$, Sp. Fe; monosym.; spaltb. bas.; H.5-5.5; G.3.15; rötlichbraun, gelb, metallähnlicher Perlmutterglanz werden ebenfalls von konzentr. Salzs. ohne Gallertbildung zersetzt.

b) V. d. L. im Kolben kein oder nur Spuren von Wasser gebend:

Vgl. die zuletzt genannten Mineralien der vorhergehenden Abteilung.

Gadolinit, Si, Y, Fe, Ce, Be, monosym.; H.6.5-7; G.4-4.3;

---

*) Vgl. auch Chlorit und Ripidolith, welche, obwohl schwer, von konzentr. Salzsäure zersetzt werden. Vgl. Gymnit.

schwarz, schwärzlichgrün; Strich grünlichgrau und *Gehlenit*, Ṡi, Äl, Ḟe, Fe, Ċa, Ṁg, Ḣ; tetragon.; spaltb. bas.; H.5.5-6; G.2.98-3.1; graulichweiss, grünlich-bräunlich, bilden mit Salzs. vollkommene Gallerte. Gadolinit schwillt v. d. L. an und manche Var. zeigen ein eigentümliches Verglühen. Stark geglüht nimmt er eine lichte schmutzig grünliche Farbe an. Einiger rundet sich an sehr dünnen Kanten. Nicht spaltbar. Gehlenit schwillt v. d. L. nicht an und rundet sich in dünnen Kanten ohne besondere Erscheinungen.*)

Chrysolith (Olivin), ca. Ṡi 41 Ṁg 49 Ḟe 10, Eisenoxydulgehalt sehr wechselnd; rhomb.; H.6.5-7; G.3.2-3.5; olivengrün und *Chondrodit* Ṡi 37 Ṁg Ḟe 61 F 2; rhomb. (Humit); monosym. (Chondrodit); spaltb. bas.; H.6.5; G.3.06-3.23; gelb, bräunlich, grünlich gelatinieren mit Salzsäure. Chondrodit (Humit) enthält Fluor, welches nachzuweisen ist, wie in der Einleitung angegeben, Chrysolith enthält kein Fluor. Chrysolith ist v. d. L. wenig veränderlich. Der eisenhaltige Olivin, *Hyalosiderit*, gibt mit Salpetersalzs. zersetzt, nach Abscheidung der Kieselerde, mit Ammoniak ein braunrotes Präc.; der kalkhaltige *Monticellit* (Batrachit), gibt nach Fällung von etwas Eisenoxyd durch Ammoniak, mit oxals. Ammoniak ein starkes Präc.

Vgl. Röpperit.

Forsterit (Boltonit) Ṡi 43 Ṁg 54 Ḟe 1 Ċa 1; rhomb.; spaltb. brachydiagon.; H.7; G.3.24. Wird von konzentr. Salzs. zersetzt und scheidet die Kieselerde als schleimiges Pulver aus.

Leucit Ṡi 55 Äl 23 K̇ 22; tetragon.; H.5.5-6; G.2.45-2.5. Von Salzs. ohne Gallertbildung zersetzt. Manche Var. geben mit Kobaltlösung ein schönes Blau.

---

*) Der sogenannte derbe Gehlenit von Monzoni schmilzt viel leichter.

6. Die noch übrigen Spezies, welche nicht unter die vorhergehenden Abteilungen gebracht werden können, lassen sich nach der Härte in zwei Gruppen unterscheiden.

a) In der Härte unter 7 (Quarz).

Glimmer, monosym.; spaltb. bas.: a) *Biotite*, die mehr dunklen, mit kleinem Axenwinkel, welche beim Drehen im Stauroscop das schwarze Kreuz oft kaum merklich verändern, man unterscheidet: *Meroxen* $\ddot{S}i_{38-42} \ddot{A}l_{14-20} \ddot{F}e_{0.5-4} \dot{F}e_{4-15} \dot{M}g_{16-27} \dot{K}_{8-10} \dot{H}_{1-4}$ Sp. von $\dot{N}a$, F; H.$_{2.5-3}$; G.$_{2.75-3}$; dunkelbraun, schwarz; *Anomit* $\ddot{S}i_{40} \ddot{A}l_{17} \dot{F}e_5 \dot{M}g_{24} \dot{K}_9 \dot{N}a_1 F_2 \dot{H}_1$, Sp. von $\ddot{F}e$; braun, grün und *Lepidomelan* $\ddot{S}i_{37} \ddot{A}l_{12} \ddot{F}e_{28} \dot{F}e_{12} \dot{M}g_1 \dot{K}_9 \dot{H}_1$; H.$_3$; G.$_3$; rabenschwarz; Strich grün. b) *Phlogopite*: *Phlogopit* $\ddot{S}i_{41-44} \ddot{A}l_{13-15} \dot{F}e_{1-2} \dot{M}g_{27-29} \dot{K}_{8-10} \dot{N}a_{1-2} F_{1-4} \dot{H}_{0.5-3}$, Sp. von $\dot{L}i$; G.$_{2.75-2.97}$; rot, gelb, braun und *Zinnwaldit* $\ddot{S}i_{45} \ddot{A}l_{28} \dot{F}e_{14} \dot{K}_{10} \dot{L}i_3 F_8$; G.$_{2.82-3.19}$; grau, braun, dunkelgrün. Die Biotite und Phlogopite werden von konzentr. Schwefelsäure zersetzt, die folgenden nicht. c) *Muscovite*: *Lepidolith* $\ddot{S}i_{49-50} \ddot{A}l_{28-29} \dot{K}_{13-10} \dot{L}i_{4-5} F_{5-8} \dot{H}_{2-1}$; G.$_{2.84-2.86}$; oft rosenrot; (s. o.) *Muscovit* $\ddot{S}i_{46-52} \ddot{A}l_{26-37} \ddot{F}e_{1-9} \dot{F}e_{1-3} \dot{M}g_{0-3} \dot{K}_{7-10} \dot{N}a_{1-2} F_{0-1} \dot{H}_{1-5}$; H.$_{2-3}$; G.$_{2.76-3.1}$; farblos, gelblich, graulich, rötlich, grünlich und *Paragonit* $\ddot{S}i_{47} \ddot{A}l_{40} \dot{N}a_8 \dot{H}_5$; H.$_{2-2.5}$; G.$_{2.78}$; gelblich-graulichweiss. Der *Oellacherit* ist ein barythaltiger Muscovit, mit Kali aufgeschlossen wird aus der salzs. Lösg. durch Schwefels. schwefels. Baryt gefällt. d) *Margarite*: *Margarit* $\ddot{S}i_{30} \ddot{A}l_{52} \dot{C}a_{14} \dot{H}_5$; H.$_{3.5-4.5}$; G.$_{2.99-3.1}$; schneeweiss, graulich-rötlichweiss, perlmutterglänzend. Sie geben v. d. L. im Kolben kein oder nur wenig Wasser.

Aehnlich wie die Glimmer verhält sich v. d. L. im Kolben der *Talk* $\ddot{S}i_{63} \dot{M}g_{32} \dot{H}_5$; monosym.?, spaltb. bas.; H.$_1$; G.$_{2.69-2.8}$; fühlt sich fettig an. Die Glimmerblätter sind elastisch, die Talkblätter nicht. *Speckstein* (Stealit) ist dichter Talk.

Vgl. Pyrophyllit.

Chlorit $\ddot{S}i_{25-28} \ddot{A}l_{19-23} \dot{F}e_{15-29} \dot{M}g_{13-35} \dot{H}_{9-12}$; hexagon.; spaltb. bas.; H.$_{1-1.5}$; G.$_{2.78-2.95}$; *Delessit $\ddot{S}i_{31} \ddot{A}l_{15}$ $\dot{F}e_{18} \dot{F}e_4 \dot{M}g_{19} \dot{H}_{12}$ Sp. von $\dot{C}a$; H.$_{2-2.5}$; G.$_{2.89}$; kurzfaserig und *Ripidolith* (Klinochlor) $\ddot{S}i_{33} \ddot{A}l_{15} \dot{M}g_{33} \dot{F}e_5$ $\dot{H}_{12}$; monosym.; spaltb. bas.; H.$_{1.5-3}$; G.$_{2.65-2.78}$, geben v. d. L. im Kolben eine merkliche Quantität Wasser. Delessit wird leicht, die übrigen bei längerem Kochen mit konzentr. Salzs. zersetzt, schneller von Schwefels. Ripidolith brennt sich v. d. L. weiss und schmilzt schwer (5,5) zu einem graulichgelben Email, Chlorit wird schwarz und irritiert eine feine Magnetnadel. Die Ripidolithe geben v. d. L. mit Borax in gehöriger Menge zusammengeschmolzen meistens ein von Chrom grün gefärbtes Glas, die Chlorite aber ein von Eisen gefärbtes, welches sich beim Abkühlen bleicht. In die Nähe des Ripidolith gehört der *Leuchtenbergit, von gelblicher Farbe; er verhält sich optisch einaxig, während der Ripidolith, besonders in der, Klinochlor genannten, Var. sich zweiaxig zeigt. Der nahestehende ebenfalls einaxige *Pennin* $\ddot{S}i_{33}$ $\ddot{A}l_{14} \dot{M}g_{34} \dot{F}e_5 \dot{H}_{14}$; hexagon. rhomboëdr.; spaltb. bas.; H.$_{2-3}$; G.$_{2.61-2.77}$ hat wie der Chlorit dunkelgrüne Farbe. Diesen Mineralien ähnlich verhält sich der *Chloritoid (Sismondin, Masonit), ca. $\ddot{S}i_{24-46} \ddot{A}l_{39-41} \dot{F}e_{26-28} \dot{M}g_{2-4}$ $\dot{H}_7$; monosym.; spaltb. bas.; H.$_{6.5}$; G.$_{3.52-3.56}$, welcher von Salzs. nicht merklich angegriffen, von konzentr. Schwefels. zersetzt wird.

*Kerolith (vgl. Abteilung 5 a) $\ddot{S}i_{38} \ddot{A}l_{12} \dot{M}g_{18} \dot{H}_{31}$; amorph; H.$_{2-3}$; G.$_{2.3-2.4}$; grünlich-gelblich-weiss, rötlich. Wird von Salzs. grossenteils zersetzt.

*Bauxit, $\ddot{A}l$, $\ddot{F}e$, $\dot{H}$; amorph; H.$_3$; graulichweiss, rötlichbraun. Wird von Salzs. wenig angegriffen, von konzentr. Phosphors. fast vollständig aufgelöst.

Vgl. Argillit.

* *Wolkonskoit*, S̈i, Ër, Ā̈l, Ḣ. Amorph, dunkelgrün. Mit Phosphors. eingekocht eine smaragdgrüne Lösg. gebend, die mit Wasser verdünnt die Farbe behält und gelatinöse Kieselerde ausscheidet. — *Chromit*, zuweilen von metallähnlichem Fettglanz, zeigt wie der vorige Chromreaktion, ist aber von schwarzer Farbe und gelblichbraunem Striche. Vgl. I. B. 3.

* *Warwickit*, B̈, T̈i, Ṁg, Ḟe. Das Pulver wird von konzentr. Schwefels. zersetzt. Zur Trockne abgeraucht, erteilt die Masse dem Weingeist die Eigenschaft mit grüner Flamme zu brennen. Wenn man diese Masse mit Salzs. kocht und Stanniol zusetzt, so färbt sich die Flüssigkeit beim Konzentrieren violett und nimmt dann mit Wasser verdünnt eine rosenrote Farbe an.

Bronzit, ca. S̈i 58 Äl 1 Ṁg 30 Ḟe 10 Ṁn 1: rhomb.; spaltb. brachydiagon.; auf der Spaltungsfläche starken metallähnlichen Perlmutterglanz; H. 4-5; G. 3-3.5 und * *Anthophyllit* S̈i 56 Ṁg 27 Ḟe 16; monosym.; spaltb. makrodiagon. und prismat. (124° 30'), auf den Spaltungsflächen metallähnlicher Perlmutterglanz, aber weniger lebhaft als beim Bronzit. H. 5.5; G. 3.19-3.23. Vgl. Amphibol, welcher oft nur in äusserst feinen Splittern schmelzbar. *Hypersthen* dem Bronzit sehr nahestehend, 10-34 pCt. Fe; rhomb.; spaltb. brachydiagon. und prismat., 87° 30'; H. 6; G. 3.3-3.4.

* *Wolframocker* (Wolframsäure) Ẅ gibt mit Phosphors. gekocht eine bläuliche Lösg., welche noch warm mit Eisenpulver und wenig Wasser umgerührt sogleich dunkelblaue Farbe annimmt. — Findet sich in weichen erdigen Massen von gelber Farbe.

Scheelit $\overline{W}_{81} \overline{Ca}_{19}$; tetragon. pyramid. hemiëdr.; spaltb. pyramid.; H. 4.5-5; G. 5.9-6.2 (schmilzt = 5), hinterlässt beim Kochen des Pulvers mit Salpeters. einen citrongelben Rückstand von Wolframsäure. Mit Phosphors. stark eingekocht eine (oft blaue) Masse bildend, welche mit viel Wasser gelöst, eine farblose Flüssigkeit gibt, die beim Schütteln mit Eisenpulver eine schöne blaue Farbe annimmt.

Kassiterit (Zinnstein) $\overset{\cdots}{Sn}$; tetragon.; H. 6-7; G. 6.8-7; wird in Splittern v. d. L. mit Cyankalium auf Kohle leicht (für sich nur sehr schwer) zu met. Zinn reduziert. Ist bedeutend schwerer, als ähnliche Mineralien.

*Anatas und *Rutil* $\overset{\cdots}{Ti}$. Anatas, tetragon.; spaltb. bas. und pyramid.; H. 5.5-6; G. 3.83-3.93; braun, indigoblau selten rot; Rutil, tetragon.; spaltb. prismat.; H. 6-6.5; G. 4.2-4.3; rot, bräunlichrot, gelb, schwärzlich; beide besitzen starken metallähnlichen Diamantglanz. Wird das feine Pulver mit Kalihydrat geschmolzen und dann in Salzs. aufgelöst, so nimmt diese Aufl. beim Einkochen mit Stanniol eine violette Farbe an, die beim Verdünnen mit Wasser rot wird und diese Farbe nicht weiter verändert. Man kann vor der Behandlung mit Salzs. das feine Pulver auch mit Schwefels. oder saurem schwefels. Kali aufschliessen. Aehnlich verhält sich der *Brookit, ebenfalls $\overset{\cdots}{Ti}$, rhomb.; spaltb. brachydiagon.; H. 5.5-6; G. 3.8-4.1; gelblich-rötlichbraun.

Vgl. Perowskit, der zuweilen hyazinthrot, krystallisiert regulär. Vgl. Sphen.

*Aeschynit $\overset{\cdots}{Ti}_{23} \overset{\cdots}{Th}_{16} \overset{\cdots}{Nb}_{29} \overset{\cdots}{Ce}_{18}$ (La, Di)₆ $\overset{\cdots}{Y}_1 \overset{\cdots}{Ca}_3 \overset{\cdots}{Fe}_3 \overset{\cdot}{H}_1$; rhomb.; H. 5-5.5; G. 5.06-5.23; schwarz, braun; Strich licht bräunlich und *Euxenit $\overset{\cdots}{Nb}_{32} \overset{\cdots}{Ti}_{19} \overset{\cdots}{U}_{20} \overset{\cdots}{Y}_{18} \overset{\cdots}{Ce}_3 \overset{\cdots}{Fe}_3 \overset{\cdots}{Ca}_1 \overset{\cdot}{H}_2$; rhomb.; H. 5-6; G. 5-5.15; bräunlichschwarz; Strich rötlichbraun, beide von metallähnlichem Fettglanz.

Wird das Pulver mit Kalihydrat im Silbertiegel geschmolzen, ausgelaugt, filtriert und das Filtrat mit Salzs. neutralisiert, so erhält man ein Präc., welches mit Ueberschuss von konzentr. Salzs. und Stanniol einige Minuten gekocht, auf Zusatz von Wasser eine klare saphirblaue Lösg. gibt, die sich an der Luft bald olivengrün färbt und allmählig bleicht. Wird der beim Auslaugen bleibende Rückstand mit Salzs. und Stanniol gekocht, so erhält man beim Verdünnen eine blass rosenrote Flüssigkeit, welche vom Aeschynit das Curcumapapier orangegelb färbt. Aeschynit schwillt v. d. L. stark an und wird gelb oder bräunlich, Euxenit ist v. d. L. unveränderlich. Eine sich ähnlich verhaltende Verbindung ist der *Pyrochlor (von Miask) $\ddot{N}b_{53} \dot{T}i_{10} \dot{T}h_8 \dot{C}a_{14} \dot{C}e_7 \dot{F}e_2 \dot{N}a_5 \ddot{H}_1$, Sp. von $\dot{M}g$; reg.; H. 5; G. 4.18-4.37, welcher durch seine oktaedrische Form charakterisiert ist. Seine Farbe ist braunrot, das Pulver blassgelb.

Opal, $\ddot{S}i$, $\ddot{H}$; amorph; H. 5.5-6.5; H. 1.9-2.3, gibt v. d. L. im Kolben Wasser und mit Soda unter Brausen ein klares Glas. Unschmelzbar. In Kalilauge beim Kochen grösstenteils oder vollkommen aufl. Die Aufl. mit einer hinreichenden Menge Salmiakauflösung versetzt, fällt Kieselerdehydrat.

Xenotim (Phosphorsaure Yttererde) $\dot{Y}_{62} \ddot{P}_{38}$, neben $\dot{Y}$ fast stets 1-11 pCt. $\dot{C}e$; tetragon.; spaltb. prismat.; H. 4.5; G. 4.45-4.56. V. d. L. mit Schwefels. befeuchtet, die Flamme schwach grünlich färbend, in Phosphorsalz sehr schwer zu einem ungefärbten Glase aufl.

Vgl. Childrenit. Vgl. Orthoklas und Hyalophan.

b) In der Härte = 7 und über 7.

Vgl. aus der vorhergehenden Abteilung Kassiterit, Rutil und Opal, deren Härte 7 nahe steht.

Quarz $\ddot{S}i$; hexagon. rhomboëdr. tetartoëdr.; Bergkrystall, wasserhell, durchsichtig. Amethyst bläulich-violett, Rauch-

topas braun. Dichte Var. Hornstein, Feuerstein, Chalce-
donetc. H.7; G.2.5-2.8. Geben am Stahl lebhafte Funken,
schmelzen v. d. L. auf Kohle mit Soda (wovon nicht zu
viel zugesetzt werden darf) leicht unter Brausen zu einem
Glase zusammen, welches bei reinen Var. klar, bei eisenhaltigen graulich gefärbt ist. Für sich sind sie auch im
strengsten Feuer unschmelzbar und unveränderlich. Das
feine Pulver mit Kalihydrat geschmolzen gibt mit Wasser
eine mehr oder weniger vollständige Lösg., in welcher
eine hinreichende Menge von Salmiaklösung ein starkes
weisses Präcipitat (Kieselerdehydrat) hervorbringt. Dem
Quarz schliesst sich an der in mikroskopischen sechs-
seitigen Tafeln krystallisierende *Tridymit* $\ddot{S}i$; asym;
H.7; G.2.28-2.33.

Cordierit (Dichroit) $\ddot{S}i_{49-50} \ddot{A}l_{32-33} \dot{F}e_{5-9} Mg_{10-12}$; rhomb.;
spaltb. brachydiagon.; H.7-7.5; G.2.59-2.66; blau gränlich
und *Staurolith* $\ddot{S}i_{30} \ddot{A}l_{52} \dot{F}e \overset{..}{M}o_{14} Mg_3 \dot{H}_1$; rhomb.; spaltb.
brachydiagon.; H.7-7.5; G.3.34-3.77; bräunlichrot, braun.
Sie geben v. d. L. mit Soda kein klares Glas. Cordierit
ist schmelzbar = 5--5,5; Staurolith ist unschmelzbar.

Smaragd (Beryll) $\ddot{S}i_{67} \ddot{A}l_{19} \ddot{B}e_{14}$; hexagon.; spaltb. bas.;
H.7.5-8; G.2.68-2.73; *Euklas* $\ddot{S}i_{41} \ddot{A}l_{35} \ddot{B}e_{17} \dot{H}_6$; monosym.; spaltbar klinodiagon und orthodomat.; H.7.5;
G.3.09-3.1; *Phenakit* $\ddot{S}i_{54} \ddot{B}e_{46}$; rhomboëdr.; spaltb.
rhomboëdr.; H.7.5-8; G.2.96-3 und *Zirkon* $\ddot{S}i_{33} \ddot{Z}r_{67}$;
tetragon.; H.7.5; G.4.4-4.7. Smaragd und Euklas werden
v. d. L. in strengem Feuer milchweiss und runden sich
in sehr dünnen Kanten. Phenakit und Zirkon sind v.
d. L. unschmelzbar, Zirkon brennt sich farblos, wenn
er durchsichtig und rein ist. Wenn man Zirkonpulver
mit kaustischem Kali zusammenschmilzt und dann mit
Salzs. kocht, so färbt die verdünnte saure Flüssigkeit
das Curcumapapier orangefarben. Wird die salzs. Lösg.
bis zur Krystallisation konzentriert und dann mit einer

gesättigten Lösg. von schwefels. Kali gekocht, so bildet sich ein weisses Präc. (von Zirkonerde). Beide kommen nur krystallisiert vor.

>Vgl. Chrysoberyll, welcher als Pulver mit Kobaltauflösg. geglüht wohl stellenweise blau wird, aber nur schwach.

Topas $\ddot{S}i\,_{33}\,\ddot{A}l\,_{57}\,F\,_{17}$; rhomb.; spaltb. bas.; H. 8; G. 3.51-3.58. Der gelbe wird in grösseren Stücken geglüht blass rosenrot; die Farbe zeigt sich erst nach dem Erkalten. Um den Fluorgehalt nachzuweisen, ist zu verfahren wie in der Einleitung angegeben.

***Uwarowit*, $\ddot{S}i$, $\dot{C}a$, $\ddot{E}r$; reg.; H. 7.5-8; G. 3.5; smaragdgrün, unschmelzbar, färbt sich in der Hitze schwärzlichgrün, nimmt aber beim Erkalten die Smaragdfarbe wieder an. Mit Borax als Pulver zusammengeschmolzen ein smaragdgrünes Glas gebend.

Spinell $\ddot{A}l\,_{72}\,\dot{M}g\,_{28}$; reg.; H. 8; G. 2.5-4.1; rot, bläulich; *Pleonast* enthält neben $\dot{M}g$ und $\ddot{A}l$ noch $\ddot{F}e$ und meist auch $\ddot{F}e$; schwarz; *Gahnit* (Automolit) $\dot{Z}n\,_{44}\,\ddot{A}l\,_{56}$; spaltb. oktaëdr.; H. 8; G. 4.33-4.35; dunkelgrün, schwärzlichgrün und ***Chlorospinell*, $\dot{M}g,\ddot{A}l,\ddot{F}e$ Sp. von $\dot{C}u$; G. 3.59; olivengrün, grasgrün, durchscheinend. Sie kommen fast nur in regulären Oktaëdern krystallisiert vor. Das feine Pulver mit Phosphors. bis zum Verflüchtigen dieser Säure im Platintiegel erhitzt gibt auf Zusatz von Wasser (nach dem Erkalten) bei allen eine meist vollständige Lösg. Diese Lösung mit Kalilauge in Ueberschuss versetzt, gibt beim Spinell ein starkes weisses Präc., beim Chlorospinell ein ähnliches gelbliches, beim Pleonast ein grünliches; die von den Niederschlägen abfiltrierte Flüssigkeit gibt mit Schwefelammonium kein Präc. — Gahnit gibt in der phosphors. Lösg. mit Kali in Ueberschuss ein geringes Präc., dessen Filtrat mit Schwefelammonium aber ein starkes grünschwarzes Präc., welches v. d. L. auf Kohle erhitzt starken Zinkbeschlag gibt. Dem Gahnit ähnlich verhält sich der *Dysluit*, Żn, F̈e, M̈n, Äl, F̈e; dunkelbraun und der *Kreittonit* Äl 50 F̄e 9 Żn 27 F̈e 8 M̈g 3 M̈n 1; H. 7-8; G. 4.48-4.89; samtschwarz-grünlichschwarz, welcher vor dem Glühen auf eine feine Magnetnadel wirkt.

Diamant C, durch seine Härte, 10, welche die des Korunds übertrifft, hinlänglich charakterisiert; reg.; tetraëdr. hemiëdr.; spaltb. oktaëdr.; G. 3.5-3.6.

Anhang.

Die wichtigsten fossillen Kohlen sind der Anthracit, die eigentlichen Stein- oder Schwarzkohlen und die Braunkohlen. Den Schwarzkohlen teilweise sehr ähnlich ist der Asphalt. Zu ihrer chemischen Unterscheidung dienen folgende Kennzeichen:

Der *Anthracit* ist an der Flamme eines Kerzenlichtes nicht entzündlich, gibt im Kolben ausser etwas Wasser keinen oder nur einen sehr geringen Beschlag von Theer und verbrennt v. d. L. allmählig ohne zu schmelzen mit Hinterlassung von etwas Asche. Mit Kalilauge gekocht erteilt er der Lauge keine Färbung.

Die *Stein-* und *Braunkohlen* und der *Asphalt* sind an der Flamme eines Kerzenlichtes entzündlich und brennen mit Entwicklung eines brenzligen Geruches. V. d. L. im Kolben erhitzt geben sie bräunliche und bräunlich-gelbe Theertropfen.

Die *Steinkohlen* und der *Asphalt* erteilen der Kalilauge beim Kochen keine oder nur eine schwach gelbliche Farbe. Kocht man ihr Pulver mit Aether, welches am besten in einem Kolben oder in einer an einem Ende zugeblasenen Glasröhre geschieht, welche in heisses Wasser gestellt werden, so färbt der Asphalt den Aether weinrot oder braunrot, die Steinkohlen aber färben ihn nicht oder nur schwach gelblich. Asphalt schmilzt auch merklich leichter als die meisten schmelzbaren Steinkohlen und fliesst am Kerzenlicht wie Siegellack.

Die *Braunkohlen* unterscheiden sich von den vorhergehenden leicht durch ihr Verhalten zur Kalilauge, indem sie ihr beim Kochen eine braune Farbe erteilen.

Die Steinkohlen an der Flamme eines Lichtes oder v. d. L. zum Glühen erhitzt, erlöschen sogleich, wenn sie aus der Flamme genommen werden, bei den Braunkohlen aber dauert dann das Glühen noch einige Zeit fort.

Alle diese Kohlen geben in einem Kolben oder bedeckten Platintiegel scharf geglüht Koaks, welche mit einer Zinkkluppe in eine Lösung von Kupfervitriol getaucht sich sogleich mit metallischem Kupfer belegen.

Register.